<그리스도인이면 꼭 알아야 할 성경 지식>

고린도전서

제2권 성령의 은사들과 성도의 부활(8-16장)

서울솔로몬학교 성경연수원

차 례

제 1 과 우상에게 바쳐진 음식을 먹는 문제(8장) / 5

제 2 과 그리스도인 사역자의 절제와 보상(9장) / 15

제 3 과 아무에게도 거치는 자가 되지 말라(10장) / 25

제 4 과 주의 만찬에 올바르게 참여하는 방법(11장) / 41

제 5 과 성령의 은사들(12장) / 53

제 6 과 가장 위대한 것은 사랑이니라(13장) / 61

제 7 과 방언의 은사에 관한 성경적 조명(14장) / 71

제 8 과 성도의 부활과 바울의 문안 인사(15,16장) / 87

이 책에 인용된 성경 구절은 〈한글킹제임스성경〉입니다.

제1과
우상에게 바쳐진 음식을 먹는 문제(8장)

『그러므로 우상들에게 바쳐진 제물을 먹는 일에 관하여 우리가 아는 것은 우상들은 세상에서 아무것도 아니며 하나님은 한 분밖에 계시지 아니한다는 것이라』(고전 8:4).

육신적인 고린도 교회

고린도 교회는 사도 바울이 서신을 보낸 "일곱 교회" 중에서 "가장 육신적인 교회"였다. "육신적인 그리스도인"이란, 구원은 받았지만 성장하지 못해서 "영적인 갓난아기" 상태로 남아 있는 그리스도인을 가리킨다(고전 3:1). 이런 사람은 항상 육신을 따르고 육신의 일들을 생각한다(롬 8:5). "젖에 해당하는 말씀들"만 먹을 수 있고(히 5:12), 질긴 고기 같은 "단단한 음식" 수준의 말씀들은 전혀 먹지 못한다(고전 3:2). 그런 질긴 고기에 해당하는 말씀들을 소화하지 못하기에 진리를 깨닫는 데는 "어린아이" 같고(고전 14:20), "의의 말씀들"을 능숙하게 다루지 못하며(히 5:13), 또한 그 말씀들을 사용해서 영적 감각들을 단련하지도, 선악을 분별하지도 못한다(히 5:14). 그러다 보니 육신적인 그리스도인에게는 시기, 다툼, 분열, 교만, 자기 자랑 등의 특징들만 두드러지게 나타난다(고전 3:3,4). 고린도전서 8장에서는 "우상에게 바쳐진 음식을 먹는 문제"에 관해 다루고 있는데, 육신적인 고린도 교회는 "우상 숭배"나 "우상에게 바쳐진 음식 문제"로도 상당히 골머리를 썩이는 교회였던 것이다.

■ 새롭게 깨달았거나 적용할 내용이 있다면 적어 보세요. ■

지식은 교만하게 하고 사랑은 세워 준다(1-3절)

『우상들에게 바쳐진 것들에 관하여는 우리 모두에게 지식이 있음을 알거니와 지식은 교만하게 하지만 사랑은 세워 주느니라. 만일 누구라도 무엇이든지 안다고 생각하면 그가 마땅히 알아야 할 것은 아직 아무것도 모른다는 것이요, 만일 누구라도 하나님을 사랑한다면 그는 그분께 알려진 사람이라』(1-3절).

"우상들에게 바쳐진 것들에 관한 문제"를 남들보다 더 잘 알고 있다 해서 교만하게 행동하는 성도는 사실 "아무것도 모르는 사람"이며, 다른 성도를 사랑으로 세워 주지 못한다(1절). 자신이 가진 지식으로 다른 지체들을 세워 주는 성도만이 "진정으로 지식을 갖춘 사람"이고, "하나님을 사랑하는 사람"이며, "하나님께 알려진 사람"이다(2,3절). 사랑 안에서 진리를 말할 수 있어야(엡 4:15, 빌 1:9) 그 성도는 하나님을 사랑한다 말할 수 있고, 또 하나님께 알려진 사람이 될 수 있는 것이다.

우상의 본질과 신들(4-6절)

『그러므로 우상들에게 바쳐진 제물을 먹는 일에 관하여 우리가 아는 것은 우상들은 세상에서 아무것도 아니며 하나님은 한 분밖에 계시지 아니한다는 것이라』(4절).

"우상들"은 아무것도 아닌(왕상 18:27, 사 37:19) "헛것들"(사 41:24,28,29)로

서 "신들"을 기념하고 섬기기 위해 사람들이 만들어 놓은 기념물들이나 형상들에 불과하다(사 44:8-10,15-17). 반면에 『**하나님은 한 분밖에 계시지**』(4절) 않는다.

『비록 하늘에나 땅에나 신들이라고 불리는 (많은 신들과 많은 주들이 있어도) 우리에게는 오직 한 분 하나님, 아버지가 계시니 만물이 그분께로부터 났고 우리도 그분 안에 있으며 또 한 분 주 예수 그리스도가 계시니 만물이 그분을 통하여 있고 우리도 그분을 통하여 있느니라』(5,6절).

성경에는 하나님 외에 "신들"이라 불리는 몇몇 존재들이 등장한다. 첫째, "사탄"인 "마귀"가 『**이 세상의 신**』(고후 4:4)으로 불린다. 둘째, 마귀의 명령을 수행하는 『**정사들과 권세들과 이 세상 어두움의 주관자들과 높은 곳들에 있는 영적 악**』(엡 6:12)도 신들로 불린다(cf. 엡 1:21, 골 2:14,15). 셋째, "타락한 천사들"이 신들로 불린다. 『**내가 말하기를 "너희는 신들이며 너희 모두는 지극히 높으신 분의 자손들이라. 그러나 너희가 사람들처럼 죽게 될 것이며 통치자들 중의 하나같이 쓰러지리라." 하였도다**』(시 82:6,7, cf. 행 14:11, 벧전 3:19, 유 1:6, 계 12:9). 넷째, "하나님의 말씀이 임한 사람들"을 가리켜 신들로 부르기도 한다. 『**예수께서 그들에게 대답하시기를 "너희의 율법에 '너희는 신들이라고 내가 말했다.'고 기록되지 아니하였느냐? 하나님의 말씀이 임한 그들을 신들이라 불렀다면 성경은 폐기될 수 없나니**』(요 10:34,35, cf. 출 7:1).

그렇지만 『**하늘에나 땅에나 신들이라고 불리는 (많은 신들과 많은 주들이 있어도)**』(5절), 이들은 궁극적으로 "경배의 대상"이 될 수 없는 "거짓 신들"이다. 오직 『**한 분 하나님, 아버지**』(6절)만이 『**신들 중의 신이시요 왕들 중의 주시며**』(단 2:47), 『**신들 중의 주 하나님**』(수 22:22), 곧 『**참 하나님**』(렘 10:10)이시다.

그래서 성경은 『**너희는 두려워 말고, 무서워 말라... 나 외에 하나님이 있더냐? 정녕, 다른 하나님은 없나니 나는 아무도 알지 못하노라.**』(사 44:8)고 말씀하신다. 우리가 믿고 섬기는 하나님께서는 만물의 "창조주"시요, 만물의 "보존자"시며, "구속자"이시고, "심판자"이시다. 모든 만물이 주님께로부터 났고, 또 모든 만물은 주 예수 그리스도를 통해서만 존재한다. 따라서 우리가 항상 하나님과 함께 있으면 "우상들"은 물론 그 어떤 "마귀들"도 두려워할 필요가 없다! 그런데 이러한 지식이 사람마다 다 있는 것이 아니고, 오직 성경대로 믿는 그리스도인들에게만 있다(7절).

약한 양심 대 강한 양심(7-13절)

『그러나 이 지식은 사람마다 있는 것이 아니기에 어떤 사람들은 우상에게 바쳐진 것으로 알고 지금까지 우상에 대한 양심을 가지고 먹으므로 그들의 약한 양심이 더러워졌느니라』(7절).

이러한 지식이 없는 사람들은 우상들을 숭배하고 섬길 만큼 우상들을 대단한 존재로 믿고 있어서, 어리석게도 그들은 마귀들에게 제사를 지내며 악행을 저지르고 있다. 성경은 이런 자들을 가리켜 "**약한 양심**"을 가진 자들이라고 말씀한다. "양심이 약하다는 것"은 악에 쉽게 노출되어 죄에 휘말리기 쉽다는 것을 의미하는데, "우상들에 대해 약한 양심을 가진 사람들"은 우상들에게 제물로 바친 음식 역시 무언가 대단한 것으로 착각하고, 또 우상들에게 바친 음식에 대해 특별한 의미를 부여하는 가운데 감사해 하며 매우 즐겁고 정성스럽게 먹기까지 한다. 그래서 그들의 "양심"이 더러워져 있는 것이다.

반면에 거듭난 그리스도인들은 "하나님께서는 오직 한 분뿐이시라는 진리의 지식"을 소유하고 있어서 우상들에게 바쳐진 음식을 대단하게 여기지 않고, 또 특별히 꺼리지도 않는다. 그것을 먹는다 한들 그것에 대해 어떤 의미도 부여하지 않으며, 그럴 필요성도 못 느낀다. 그래서 그리스도인들은 우상에 대해 "<u>**강한 양심**</u>"을 가지고 있다. 강한 양심을 가진 성도들이 보기에 우상들은 아무것도 아니고, 우상에게 제물로 바쳐진 음식 역시 아무것도 아니다. 따라서 그 음식을 먹어도 그만, 안 먹어도 그만이다.

『그러나 음식은 우리를 하나님 앞에 내세우지 못하나니 우리가 먹는다고 해서 더 나아질 것도 없고, 먹지 아니한다고 해서 더 나빠질 것도 없느니라. 그런즉 너희의 이러한 자유가 어떻게 해서든지 약한 사람들에게 거치는 것이 되지 않도록 유의하라. 지식이 있는 네가 우상의 전에 앉아 먹는 것을 누가 보면 약한 양심을 지닌 그가 우상들에게 바쳐진 것들을 먹는 데 담대해지지 아니하겠느냐?』(8-10절)

사실 "어떤 음식"이라도 그것은 결코 하나님 앞에 우리 자신을 내세울 수 있는 것이 못 된다. 그것을 먹는다고 해서 더 나아질 것도 없고, 먹지 않는다고 해서 더 나빠질 것도 없기 때문이다. 우리를 하나님 앞에 담대하게 내세울 수 있는 것은 "음식"이 아니라(8절) 오직 "믿음"이다. 우상에게 바쳐진 음식이라고 해서 거기에 특별한 의미를 부여하고 먹기를 꺼린다는 것 자체가 "아무것도 아닌 우상"에게 특별한 의미를 부여하는 꼴이 될 수 있다. 그렇게 되면 우상에 대해 "약한 양심"을 가진 사람으로 전락하게 되고, 그 결과 "약한 양심"을 가진 다른 성도들까지도 우상들에게 바쳐진 것들을 담대하게 먹게 함으로써 실족하게 만들 수 있다(10절). 중요한 것은 "음식을 먹느냐, 안 먹느냐"가 아니고, 올바르고 견고한 믿음에 따른 "강한 양심을 갖고 있느냐, 없느냐"이다. 하나님께

대한 견고한 믿음을 가지고 "강한 양심"을 따라 행하면, 우상에게 바쳐진 음식을 먹든지 안 먹든지 아무런 문제될 것이 없다. 그러나 "약한 양심"을 따라 행하게 되면 먹든지 안 먹든지 문제가 된다. 왜냐하면 믿음으로 하지 않는 모든 것이 죄가 되기 때문이다(롬 14:23).

우상에게 바쳐진 음식을 먹는 문제에 관한 올바른 처신 방법

❶ 우상은 아무것도 아니고 우상에게 바쳐진 제물도 아무것도 아니기에, 그것들에 대해 어떤 특별한 의미를 부여할 필요가 없다.

❷ 의미를 부여할 필요가 없기 때문에, 그 제물을 먹어도 그만, 안 먹어도 그만이다.

❸ 먹을 경우에는 하나님께 대한 견고한 믿음으로 올바른 지식과 강한 양심에 따라 먹으면 된다. 다만 "약한 양심을 가진 사람"을 실족하게 하거나 그들에게 거치는 것이 되지 않도록 유의해야 한다(9절, 롬 14:20-23).

❹ 먹지 않을 경우에도 마찬가지인데, 우상에 특별한 의미를 부여하지 않도록 주의함으로써 "약한 양심을 가진 사람"으로 하여금 더 연약하게 만들어서는 안 된다.

『그러면 네 지식으로 인하여 그 약한 형제를 망치게 되리니 그를 위하여 그리스도께서 죽으셨느니라. 그러므로 너희가 형제들에게 그렇게 죄를 짓고 또 그들의 약한 양심에 상처를 주는 것이 곧 그리스도께 죄를 짓는 것이니라. 따라서 음식이 내 형제를 실족시킨다면 나는 고기를 이 세상이 존재하는 한 먹지 아니하리니 이는 내가 내 형제를 실족시키지 아니하려는 것이니라』(11-13절).

자신이 가진 지식으로 약한 형제를 망쳐서는 안 된다. 이는 예수 그리스도께서 그 약한 형제를 위해 죽으셨기 때문이다(11절). 특히 형제들에게 그렇게 죄를 짓고, 또 그들의 양심에 상처를 주는 것은 예수 그리스도께 죄를 짓는 것이 된다(12절). 물론 우리에게는 각자가 지닌 "믿음의 지식"에 따라 어떻게 처신하건 간에, 하나님께서는 우리에게 "자유"를 주셨다. 그러나 우리 자신의 지식에 따라 자유롭게 취한 행동이 다른 연약한 성도를 실족시킬 만큼 죄를 짓는 결과를 초래할 수도 있다는 사실을 항상 유념해야 한다.

사도 바울은 "우상에게 바쳐진 음식을 먹는 문제"와 관련하여 이렇게 결론을 내린다. **『따라서 음식이 내 형제를 실족시킨다면 나는 고기를 이 세상이 존재하는 한 먹지 아니하리니 이는 내가 내 형제를 실족시키지 아니하려는 것이니라』**(13절). 자신이 강한 양심을 소유하고 있어서 먹어도 아무런 문제가 없을 법한 "음식" 하나가 어떤 연약한 형제를 실족시키고 있다면, "그것이 무슨 음식이든지 절대로 먹지 않겠다!"라고 단언하는 것이다. 이것이 바로 자신이 가진 "자유"(9절)와 올바른 "지식"(1절)을 합당하게 사용하는 방법, 곧 다른 지체들을 세워 주는 매우 성숙한 "사랑"(1절)이라는 사실을 기억해야 한다.

■ 새롭게 깨달았거나 적용할 내용이 있다면 적어 보세요. ■

NOTES

NOTES

제2과

그리스도인 사역자의 절제와 보상(9장)

『이기려고 애쓰는 사람은 누구나 모든 일에 자제하나니 이제 그들은 썩어질 면류관을 받으려 하지만 우리는 썩지 않을 면류관을 받고자 함이라』(고전 9:25).

사도로서의 권위와 권리를 변호하는 바울

『내가 사도가 아니냐? 내가 자유인이 아니냐? 내가 예수 그리스도 우리 주를 보지 못하였느냐? 주 안에서 행한 나의 일이 너희가 아니냐? 내가 설령 다른 사람에게는 사도가 아닐지라도 너희에게는 정녕 사도니라. 이는 나의 사도 됨을 인친 것이 주 안에 있는 너희이기 때문이라』(1,2절).

고린도전서 9장은 "바울의 질문"이 큰 특징이다. 고린도전서의 다른 장들과 달리 9장은 질문들이 폭포수처럼 쏟아진다. 질문은 단순한 의문을 나타내기도 하지만, 9장의 경우에는 "강조"를 위한 질문들이 계속 터져 나온다. 위의 1,2절 외에도 4,5,6,7,8,9,10,11,12,13,18,24절에 질문들이 기록되어 있는데, 24절을 제외한 나머지 질문들은 바울의 사도로서의 자존심과 관련된 다소 격앙된 것들이다. 바울의 그러한 마음이 15절에 고스란히 담겨 있다. 『**그러나 내가 이런 것을 하나도 사용하지 아니하였으며 또 이런 일을 기록한 것은 나에게 그렇게 해 달라는 것이 아니니 누군가 나의 자랑함을 헛되게 하느니 차라리 죽는 것이 더 나으리라**』(15절).

바울이 이렇듯 격앙된 어조로 질문을 쏟아낸 것은 "바울을 심문하는(examine) 자들" 때문이었다(3절). 그들은 문자 그대로 바울을 "심사"하고 "검열"했다. 그들은 바울이 사도인지 아닌지(1,2절), 바울에게 사도로서 누릴 권리가 있는지 없는지(4-6절), 바울의 사역을 지원해야 하는지 말아야 하는지(7-11절)에 관해 바울을 심문했다(3절). 고린도 교회에는 기회를 붙잡아서 바울을 책잡고 그의 권위를 깎아내리려는 자들이 있었다(고후 10:1,10; 12:16,17).

자기를 심문하는 자들에 대한 바울의 질문은 다음과 같았다.

『내가 사도가 아니냐?』(1절) - 나는 사도다. 나에게 사도의 표적들(고후 12:12)을 주셔서 사도로서 인치신 분은 하나님이시다(고전 1:1).

『내가 자유인이 아니냐?』(1절) - 나는 예전처럼 율법에 속박되어 있지 않다. 그리스도 안에서 그 어떤 것에도 얽매이지 않는 완전한 자유인이다(고전 6:12).

『내가 예수 그리스도 우리 주를 보지 못하였느냐?』(1절) - 나도 다른 사도들처럼 주님을 직접 보았다(고전 15:8, 행 9:15).

『주 안에서 행한 나의 일이 너희가 아니냐?』(1절) - 내가 사도로서 한 일이 뭐냐고? 나는 그리스도 예수 안에서 복음을 통하여 고린도 교회 성도들을 낳았다(고전 4:15). 바로 너희가 그 증거다(3절)

『우리에게 먹고 마실 권리가 없겠느냐?』(4절) - 우리(바울과 바나바)에게는 원하면 율법의 음식 규례와 관계없이 무엇이든지 먹고 마실 권리가 있다(딤전 4:3-5).

『우리에게 다른 사도들이나 주의 형제들이나 게바와 같이 자매 된 아내를 동반할 권리가 없겠느냐?』(5절) - 우리에게도 자유롭게 결혼하여 아내를 둘 권리가 있다.

『또한 나와 바나바가 일을 아니하여도 될 권리가 없겠느냐?』(6절) - 바울은 천막을 만드는 별도의 생업을 갖고 있었다(행 18:3). 바나바도 자신의 생업을 갖고 있었다. 비록 사도였음에도 직업을 갖고 일을 했던 것은, 사역자로서 그렇게 하지 않아도 될 권리가 없어서 그랬던 것이 아니다. 그들에게는 사역자이기에 다른 직업을 갖지 않아도 될 권리가 있었다(9-11절).

■ 새롭게 깨달았거나 적용할 내용이 있다면 적어 보세요. ■

영적인 것들을 뿌린 사역자들의 권리

『누가 어느 때라도 자기 비용으로 전쟁에 나가겠느냐? 누가 포도원을 만들고 그 열매를 먹지 아니하겠느냐? 누가 양떼를 치고 그 양떼의 젖을 먹지 아니하겠느냐? 내가 이런 것들을 사람으로서 말하고 있느냐? 율법도 이것을 말하지 아니하더냐?』(7,8절)

사도 바울은 자신의 사도로서의 권리를 군인과 농부와 양떼 치는 자에 빗대어 설명한다. 군인은 국가가 지원하는 비용으로 전쟁에 나가고, 포도원의 농부는 자기가 가꾸고 수확한 포도열매를 먹으며, 양떼를 치는 사람은 자기 양떼의 젖을 먹을 권리가 있다는 것이다. 이것은 사람의 말이 아니라 율법에서 규정하고 있는 바였다. 『**모세의 율법에 기록되기를 "곡식을 밟아 떠는 소의 입에 망을 씌우지 말지니라."고 하였으니 하나님께서 소들에게 관심을 두신 것이냐? 아니면 오직 우리를 위하여 말씀하신 것이냐? 실로 우리를 위하여 기록된 것이니라. 밭 가는 사람은 소망을 가지고 갈아야 하며 소망을 가지고 곡식 떠는 사람도 자기 소망의 참여자가 되어야 하리라**』(9,10절). 바울은 신명기 25:4을 인용하면서 그 구절의 관심은 소가 아닌 "소처럼 일하는 사역자"에 있음을 강조한다. 타작 일을 하는 소의 입에도 망을 씌우지 않아 곡식을 먹게 하는데, 하물며 하나님의 사역자들에게서 그들의 먹을 권리를 앗아가야 하겠느냐는 것이다. 사역자들이 소보다도 못한 것인가? 하나님의 관심은 소가 아닌 "사역자들"에게 있음을 바울은 천명한다.

『**밭 가는 사람**』과 『**곡식 떠는 사람**』(10절)은 각자 자기 역할이 있는 사역자들을 가리킨다. 밭 가는 사람과 곡식 떠는 사람이 모두 다 소출의 기쁨과 소망을 품고서 농사에 참여하듯이, 하나님의 사역에 부름받은 사역자들도 그가 주님을 섬겼을 때 당연히 받게 될 보수에 대한 소망이 있는 것이다. 자기 밭을 갈고 곡식을 편 농부가 그 소출에 참여하지 못한다면 그는 무엇을 먹고 살아야 하는가? 그는 무엇으로 생활을 영위해야 하는가? 농부가 자기 소출에 참여하는 것은 당연한 일이며, 이 점은 사역자들도 마찬가지이다. 그것은 대단한 일이 아니라는 것이 바울의 주장이다. **『만일 우리가 너희에게 영적인 것들을 뿌렸다면 우리가 너희의 물질적인 것을 거둔다 해서 그것이 대단한 일이겠느냐?』**(11절) 그러나 바울은 자신의 그 당연한 권리를 사용하지 않고 인내로 사역을 이어나갔는데, 이는 수고비에 대한 요구가 자칫 그리스도의 복음을 방해할 수 있기 때문이었다(12절, 살후 3:7-9). 고린도 교회에 대해서는 특히 더 신중했는데, 이는 그 교회에 바울이 돈을 좋아한다는 거짓 소문을 퍼뜨려서 자신들을 높이려는 자들이 있었기 때문이다(고후 11:8-15). 사역을 보호하기 위해 자신의 권리를 사용하지 않은 것은 바울의 자랑이었으며, 바울 자신의 목숨을 걸고서라도 사수하고픈 자랑이었다. **『누군가 나의 자랑함을 헛되게 하느니 차라리 죽는 것이 더 나으리라』**(15절). 이것은 바울 특유의 "진심 화법"으로서(롬 9:3, 고후 1:23), 그가 하나님 앞에서 얼마나 진실하게 사역했는가를 보여 준다. 바울은 "더러운 이익"(벧전 5:2)과는 무관한 사역자였다.

사역자들은 영적인 농사를 짓고 영적인 열매를 거두는 사람들이다. 영적인 농사는 다루기 힘든 사람들을 대상으로 하기 때문에 물질적인 농사보다도 힘든 일이다. "묵은 땅"(호 10:12)과 같은 상태로 머물고 있는 성도들이 많기 때문에 그들을 하나님의 말씀이 심겨지기 좋은 옥토로(마 13:23) 만드는 데에는 단단한 땅에 괭이질을 하는 것과 같은 수고가 따른다. 그러한 영적인 일들에 수고하는 사역자들에 대한 보상은 당연한 것이며 그것은 구약 시대 때부터 있어 온 일이라고 바울은 강조한다.

『**성전의 일을 하는 사람들은 성전에서 나오는 것을 먹고 제단을 섬기는 사람들은 제단에 있는 것으로 나누어 가진다는 것을 너희가 알지 못하느냐?** [cf. 레 6:16,26, 민 5:9] **이와 같이 주께서도 복음을 전하는 사람들은 복음으로 살아야 한다고 명령하셨느니라**』(13,14절). 성도들은 자신들을 섬기기 위해 헌신한 사람들에게 복종하되(고전 16:16), 특히 말씀과 교리에 수고하는 전임 사역자들을 배나 존경할 사람으로 여기며(딤전 5:17), 수고하는 농부가 먼저 그 소출에 동참함이 마땅하다는(딤후 2:6) 점을 기억함으로써 교회를 위해 수고하는 사역자들의 필요를 채울 수 있도록 도와야 한다.

■ 새롭게 깨달았거나 적용할 내용이 있다면 적어 보세요. ■

사역자의 절제와 보상

1. 사도 바울이 추구한 보상

『그렇다면 내 상이 무엇이냐? 그것은 내가 복음을 전할 때에 값없이 그리스도의 복음을 전하고 복음으로 인한 내 권리를 다 사용하지 아니하는 것이로다』(18절).

15절과 16절에는 두 종류의 자랑이 나온다. 복음을 전함으로써 생기는 권리를 사용하지 않았다는 자랑(15절)과 자신이 복음을 전파한다는 점에 대한 자랑(16절)이 그것이다. 바울은 전자는 고수해도, 후자는 지양했다. 복음 전파는 바울이 자신이 부득불 해야 할 일이며, 오히려 하지 않았을 때 자신에게 화가 닥칠 일이었다. 바울은 실로 사슬에 매인 복음의 대사였던 것이다(엡 6:20).

17절에서 바울은 복음을 기꺼이 전할 때 상이 있을 것이라고 말한다. "마지못하여"(벧전 5:2) 억지로 전할 때는 상이 없다는 얘기가 된다. 이 점은 "마지못하여 억지로" 하는 섬김에 두루 적용된다. 비록 기꺼이 하지 않는다 해도 바울이 반드시 복음을 전해야 했던 이유는 복음의 경륜이 자신에게 맡겨졌기 때문이다. 바울의 상은 복음을 기꺼이 전하되 대가 없이 전하는 데서 오는 것이며, 복음을 전하고도 복음으로 인한 자신의 권리를 다 사용하지 않는 데서 오는 것이었다(18절). 이것은 지상에서 받지 못한 보상은 영원에서 받게 된다는 원리를 보여 준다(cf. 눅 14:13,14). 바울은 기꺼이, "기쁨으로" 자신의 사역을 완수했다(행 20:24).

고린도전서 9장에 언급되는 바울의 절제는 "사역자로서의 권리를 사용하지 않는 절제"(1-18절)와 "구령을 위해 그리스도인으로서의 자유를 내려놓는 절제"(19-23절)와 "육신의 욕구에 대한 절제"(24-27절)이다.

사역자로서의 사도 바울의 절제는 구령 활동에서도 엿보인다(19-23절). 원래 바울은 모든 사람으로부터 자유인이지만 그 자유를 절제해서 모든 사람의 종이 되었다(19절). 한 사람이라도 더 구령하기 위해 자유를 내려놓은 것이다. 그리하여 유대인들에게는 유대인같이 되고, 율법 아래 있는 사람들에게는 율법 아래 있는 사람같이 되며, 약한 사람들에게는 약한 사람같이, 모든 사람에게 모든 것이 됨으로써 "어떻게 해서든 몇 사람을 구원하고자" 했다. 예수 그리스도처럼 스스로를 낮춰서(빌 2:7,8) 잃어버린 죄인들에게 다가섰던 것이다(마 18:11, 눅 7:34). 바울의 절제는 오직 복음을 위해서였다(23절).

2. 성도들을 향한 권면

『경기장에서 달리는 사람들이 모두 달릴지라도 한 사람만이 상을 받는 것을 너희가 알지 못하느냐? 그러므로 너희도 상을 얻게 되도록 달리라. 이기려고 애쓰는 사람은 누구나 모든 일에 자제하나니 이제 그들은 썩어질 면류관을 받으려 하지만 우리는 썩지 않을 면류관을 받고자 함이라. 그러므로 내가 그처럼 달리되 불확실하게 하지 아니하며 또 내가 그처럼 싸우되 허공을 치는 자같이 아니하노라. 내가 내 몸을 억제하여 복종하게 함은 다른 사람들에게 전파한 후에 어떻게 해서든지 내 자신이 버림을 받지 않게 하려는 것이라』(24-27절).

이제 바울의 시선은 바울 자신에게서 서신의 수신자들에게로 향한다. 왜냐하면 썩지 않을 면류관은 영광의 면류관(벧전 5:4)과 달리 사역자뿐만 아니라 모든 그리스도인에게 해당되기 때문이다. 그는 그의 서신을 읽을 성도들에게 경기장에서 달리는 사람들이 모두 달려도 "한 사람만" 상을 받는 것을 안다면, 너희도 상을 얻게 되도록 달리라고 명령한다(24절). 이것은 사실상 "전력을 다해" 달리라는 명령이다.

바울이 가르쳐 주는 믿음의 경주 방법은,

첫째, 육상 경기에서 이기려고 애쓰는 사람이 썩어질 면류관을 위해 모든 일에 자제하듯이(술, 담배, 체중, 체력), 믿음의 경주자는 "썩지 않을 면류관"을 위해 모든 일에 "자제"해야 한다(25절, 몸을 해치는 술, 담배, 폭식, 밤샘, 늦잠, 운동부족, 나쁜 습관 등). 그리스도인의 절제와 사역 완주는 썩지 않을 면류관으로 보상된다.

둘째, 자기 경주로에서 확실하게 달리고, 허공이 아닌 정타를 쳐야 한다(26절, cf. 딤후 2:5, 엡 5:15).

셋째, 사역에서 "중도탈락" 하지 않기 위해서는 자기 몸을 억제하여 복종케 해야 한다(27절). 믿음의 경주자들 가운데 최고 선수인 사도 바울조차도 사역에서 버림받는 것이 두려워서 자기 몸을 억제해 복종케 했다. 우리가 "바울보다 잘나지 않았다면" 자기 관리를 철저히 함으로써 주님을 섬겨야 한다.

절제는 재림을 기다리는 성도의 자세이다! 『너희의 절제가 모든 사람에게 알려지게 하라. 주께서 가까우시니라』(빌 4:5), 『그리고 이 세상을 이용하는 자들은 다 이용하지 못할 것처럼 하라. 이는 이 세상의 형체가 사라져 감이라』(고전 7:31).

■ 새롭게 깨달았거나 적용할 내용이 있다면 적어 보세요. ■

NOTES

제3과

아무에게도 거치는 자가 되지 말라 (10장)

『그러므로 너희가 먹든지 마시든지 무엇을 하든지 다 하나님의 영광을 위하여 하라. 유대인에게나 이방인에게나 하나님의 교회에게나 아무도 거치는 자가 되지 말라』(고전 10:31,32).

"거치는 반석" vs. "거치는 자"

예수 그리스도의 보혈로 거듭난 성도들에게 주님은 귀중한 분 곧, 『**모퉁이의 머릿돌**』이시지만, 불순종하는 자들에게는 예나 지금이나 여전히 쓸데없다고 여겨지는 『**넘어지게 하는 돌**』과 『**거치는 반석**』일 뿐이다(벧전 2:7,8). 그래서 주님의 이름을 위해 성도들이 욕을 당할 때 믿지 않는 자들의 편에서 주님은 "비방"을 당하시지만, 거듭난 성도들의 편에서는 "영광"을 받고 계신 것이다(벧전 4:14). 바울은 고린도전서 10장에서 "반석"이신 예수 그리스도를 언급하는 동시에, 고린도 성도들에게 유대인과 이방인과 하나님의 교회에 아무도 "거치는 자"가 되지 말라고 권면하고 있다(고전 10:32). 그의 권면은 결국 거듭나지 않은 죄인들을 구원받게 하는 것은 하나님의 영광을 위한 일이므로 누구에게도 거치는 자가 되지 말라는 것이다. 왜냐하면 그리스도의 이름을 위해 욕을 당하는 것은 주님께 영광이지만, 자기 잘못으로 인해 비방을 받으면 오히려 복음을 가리고 그들에게 "거치는 자"가 되기 때문이다. 이것은 믿지 않는 자들 뿐 아니라 믿는 자들 안에서도 마찬가지인데, 형제들을 판단하기보다는 그들 앞에 거치는 것이나 방해물을 놓지 아니하였는지 먼저 판단해야 한다(롬 14:13). 또한 자신에게 합당할지라도 성도들을 세워 주는 것이 아니라고 한다면, 하지 말라는 것이 성경적 권면이다(고전 10:23). 따라서 영원한 구원의 "반석"이신 예수 그리스도께서 신약 성도들에게 주시는 명령은 아무에게도 『**거치는 자**』가 되지 말라는 것이다.

그리스도인을 위한 구약의 본보기

1. 이스라엘을 따랐던 "그 영적 반석"

『형제들아, 이제 나는 너희가 모르는 것을 원치 아니하노니, 이는 우리 조상들이 모두 구름 아래 있었고 모두 바다를 통과하였으며, 모두 구름과 바다 속에서 모세에게 침례를 받았고 또 모두 같은 영적 음식을 먹었으며, 모두 같은 영적 음료를 마셨다는 것이라. 이는 그들이 그들을 따랐던 그 영적 반석에서 나온 것을 마셨음이요, 그 반석은 그리스도셨음이라』(1-4절).

바울은 출애굽 당시 이스라엘이 홍해를 건널 때 물속을 통과했음을 분명히 밝히면서, 이것을 "침례"라 말하고 있다(1,2절). 나아가 구름과 바닷속에서 모세에게 받은 이 침례를 거듭난 성도들이 받는 "영적침례"(롬 6:3)와 결부시키고 있다(3,4절). 그래서 바울은 본문 1절에서 이방인이었던 고린도 성도들("형제들")에게 그들과 분명히 구별되는 "유대인의 조상"을 갑작스레 "우리 조상들"이라 부른 것이다. 이는 고린도 성도들이 육신으로는 유대인의 후손은 아니지만, 영적으로는 그렇다는 점을 인식시키고 있다(롬 2:28-29).

그래서 바울은 3,4절에서 세 가지의 "영적"인 대상 곧, "음식"과 "음료"와 "반석"(마 16:18, 벧전 2:8)을 언급하고 있는데, 출애굽 당시 실제로 "바위"(반석)에서 두 번이나 "물"(음료)이 솟아올랐으며(출 17:6, 민 20:11), 또한 이스라엘은 하늘에서 내린 "만나"(음식)를 공급받았다. 광야의 반석에서 솟아난 물은 이후 영적인 "반석"에서 흘러나온 영적인 "물" 곧, 생수의 강을 보여주는 모형이다. 『**나를 믿는 자는 성경이 말씀한 것과 같이, 그의 배에서 생수의 강들이 흐**

르리라.』(요 7:38). 특히 4절에서 주목할 점은 40년간의 광야 생활을 하던 이스라엘이 그 "영적 반석"을 따른 것이 아니라, 오히려 그 "영적 반석"이 그들을 따랐다는 것이다. 이스라엘은 이후 "유대인의 왕"으로 오신 그들의 "구원의 반석"(신 32:15)을 보고서도 쓸데없다고 제쳐 놓았지만, 주님은 모퉁이의 머릿돌이 되셨다(행 4:11). 결국 바울은 고린도 성도들이 이스라엘의 전철을 밟지 않기를 바라는 간절한 마음에서 "모르는 것을 원치 아니하노니"라고 말문을 연 것이다(1절).

신약 성도의 구원은 영원히 보장된다. 하지만 날마다 밀려드는 죄들에 대해서는 주님의 보혈에 의지하여 죄들을 자백함으로써 용서받으면 된다(요일 1:9,10). 『**예수께서 그에게 말씀하시기를 "이미 목욕한 사람은 발밖에 씻을 필요가 없으니 그는 온몸이 깨끗함이라**』(요 13:10). 그러므로 거듭난 성도가 죄를 다시 지었다고 해서 예수 그리스도를 구주로 다시 영접하려고 해서는 안 된다. 왜냐하면 그것은 "반석"이신 예수 그리스도를 두 번 치는 행위나 다름없기 때문이다(민 20:11).

2. 광야에서 쓰러진 이스라엘

『그러나 하나님께서 그들 대부분을 그리 기뻐하지 아니하셨으므로 그들이 광야에서 죽어 넘어졌느니라. 이제 이런 일들은 우리의 본보기가 되어, 그들이 열망하였던 것같이 우리도 악한 일들을 열망하는 자가 되지 않게 하려 함이라』(5,6절).

본문 5절의 『**그들 대부분**』은 사실상 이스라엘 전체를 의미한다. 즉, 40년 광야 생활에서 "태어난 자손들"과 "여호수아와 갈렙"을 제외한 모든 이스라엘 백

성은 광야에서 죽는다(민 14:26-35). 출애굽 당시 이스라엘이 저질렀던 "악한 일들"은 출애굽기, 레위기, 민수기, 신명기 등에 기록되어 오늘날 그리스도인들을 위한 "본보기"와 "권면"으로 제시되고 있다(11절, 롬 15:4).

본문 7절에서 10절까지 제시된 과거 이스라엘이 저지른 죄악은 크게 두 가지로 볼 수 있는데, 곧 "우상숭배와 음행", 그리고 하나님에 대한 "시험과 불평"이다. "우상숭배와 음행"은 매우 밀접하게 관련이 되어 있다. 8절은 민수기 25장의 내용인데 싯딤에 머물던 이스라엘이 모압의 딸들과 행한 음행에 관한 것으로, 특히 이스라엘은 바알프올에게 가담하여 그들의 신들을 숭배했다. 이에 하나님께서 모세에게 우상숭배에 가담했던 모든 자들을 목매달아 죽이도록 명하신 것이다(민 25:4).

모세가 시내 산에서 내려오는 것이 지체되었을 때도 이스라엘은 우상을 만들어 거기에 번제물을 드리고, 먹고 마시며 춤을 춘 이력이 있었다(7절, cf. 출 32:6). 그런데 신약 성도들이라는 자들이 "주의 만찬"의 의미도 모른 채 옛 이스라엘처럼 먹고 마시며 취해서 흥얼거리고 있다면 어찌하겠느냐! 그래서 바울은 기록된 말씀을 통해 성도들이 그들을 본받지 않도록 주의하라고 한 것이며, 그들 또한 자칫하면 우상 숭배자가 될 수 있음을 경고한 것이다. 그렇다면 "시험과 불평"은 어떠한가? 이스라엘은 하늘에서 내린 만나에 감사하기는커녕 이제는 질렸다는 식으로 하나님을 거역하며, "어찌하여 당신들은 이집트에서 먹을 것도, 마실 물도 없는 이곳으로 우리를 데리고 나왔느냐"며 투덜댄 것이다(민 21:5).

주의 성도들도 마찬가지로 광야 같은 이 세상을 살면서 『**모든 일에 감사하라**』(벧전 5:18)는 "하나님의 뜻"(살전 5:18)을 거스른 채, 오히려 "어찌하여 나에게 이같이 행하시나이까?"라며 불평을 쏟아놓는다면, 이것은 하나님을 시험하는 위험한 일임을 깨달아야 한다. 하나님은 자신을 시험하고 불평하는 자들에 대해 결단코 용납하지 않으시는 분이시다(민 14:35).

민수기 25:9에서 죽은 자들은 모두 "**이만 사천 명**"이라 기록하고 있는데, 고린도전서 10:8에서는 "**이만 삼천 명**"이 죽었다고 말한다. 이것은 기록상의 차이가 아니라, 『**하루에**』 죽은 사람의 수와 전체 죽은 사람의 수에 대한 이해 부족에서 온 해석상의 오류이다.

3. 신약 성도를 위해 기록된 본보기

『이제 그들에게 일어난 이 모든 일이 본보기가 되고 또 세상의 끝날들을 당한 우리에게 권면으로 기록되었느니라. 그러므로 서 있는 줄로 생각하는 사람은 넘어지지 아니하도록 주의하라』(11,12절).

바울은 이스라엘이 하나님을 시험하고, 불평하고, 음행하며, 우상을 숭배하던 『**이 모든 일**』이 오늘날 그리스도인들에게 본보기가 되게 하셔서, 다시는 육신을 따르던 이스라엘처럼 그런 일들을 되풀이하지 않도록 반면교사를 삼으라고 성경에 기록해 놓으신 것임을 강조하고 있다. 『**무엇이든지 전에 기록된 것은 우리의 교훈을 위하여 기록된 것이니 이는 성경이 주는 인내와 위로로써 소망을 지니게 하려 함이니라.**』(롬 15:4). 그러므로 그리스도인은 성경을 대하는 자세에 있어서 어떤 구절은 중요하게 여기고, 다른 구절은 덜 중요하게 여김으로써 경시하는 일이 있어서는 안 된다. 그러므로 참된 그리스도인은 ❶ 성경 전체를 읽고, ❷ 그 내용들을 이해하며, ❸ 그것을 실제 생활에 적용할 줄 아는 사람들이어야 한다. 그렇지 않고 자신에게 부합하는 구절만 취사선택한다면 반드시 올무에 빠지게 됨을 명심해야 한다. 일례로 『**네가 네 마음에 원하는 것은 무엇이나 돈으로 살지니, 소나 양이나 포도주나 독주나 네 마음에 드는 것**

을 구하여 거기서 주 너의 하나님 앞에서 먹고 너와 네 가족과 더불어 즐거워 할지니라.』(신 14:26)는 말씀으로 술 마시는 것을 정당화시키는 것이 그러한 경우이다. 마찬가지로 본문 12절의 "**넘어지다**(fell)"는 말씀 또한 지옥으로 떨어진다거나 구원을 잃어버린다는 의미로 해석해서는 안 된다. 성경은 앞뒤 문맥을 잘 살펴봐야 하는데, 앞선 5, 8, 9, 10절에서 언급된 내용을 보면 "**넘어지다**"는 말씀은 불순종한 이스라엘이 광야에서 쓰러져 죽은 것을 말한다(cf. 민 14:32,35). 무엇보다 12절에서 바울이 권면하고 있는 대상이 거듭난 고린도 성도라는 점을 감안한다면 쉽게 이해할 수 있는데, 마귀는 성도들을 넘어지게 할 수는 있어도 구원을 빼앗을 수는 없기 때문이다(고전 5:5).

시험을 당한 그리스도인의 대응법

『사람에게 흔히 닥치는 시험 외에는 너희가 당한 것이 없나니 하나님께서는 신실하셔서 너희가 감당할 수 있는 것 이상으로 시험을 당하지 않게 하시고 시험을 당하면 피할 길도 마련하셔서 너희로 능히 감당케 하시느니라』(13절).

『**흔히 닥치는 시험**』이란 누구에게나 닥쳐올 수 있는 시험 곧, 나와 다른 사람들이 당하는 시험이다. 그런데 바울은 이것을 너희가 『**감당할 수 있는 것**』이라 말하고 있다. 왜냐하면 하나님께서 감당할 수 있는 것 이상으로 시험을 당하지 않게 하시며, 혹여 시험을 당하더라도 『**피할 길**』(요 14:6)을 마련하실 것이기 때문이다. 그래서 바울은 그런 하나님을 "신실하다"고 말한다. 『**너희를 부르시는 분은 신실하시니 그가 또한 이것을 행하시리라.**』(살전 5:24).

하나님께서 우리에게 시험을 주시는 것은 우리의 믿음을 더욱 견고케 하시려는 것이지만, 시험 중에는 마귀가 우리를 미혹하기 위해 던지는 미끼도 있다는 것이다. 그러므로 먼저 하나님께 "복종"하고 마귀를 "대적"하며(약 4:7), 우리의 연약함을 도우시는 주님께 "기도"로 나아가야 한다(롬 8:26). 또한 이러한 시험은 하나님 앞에서 자신의 믿음을 입증할 기회라는 사실을 깨달아야 한다(잠 25:19). 성경에는 다양한 시험들이 있는데, 세상 것에 마음을 빼앗기게 하는 종류의 시험이 있고(요일 2:16), 예수님께서 마귀에게 받으셨던 종류의 시험도 있으며(마 4:1-11), 이브가 걸려들었던 종류의 시험도 있다(창 3:6). 이렇듯 시험의 형태가 다양할지라도 시험에서 빠져나올 수 있는 "성경적 기본원칙"은 먼저 자신이 할 수 있는 일은 하되, 자신이 할 수 없는 일은 하나님께 기도로 맡겨야 한다. 무엇보다 중요한 것은 시험에서 벗어나고자 할 때 눈앞에 제시되는 방법이 어디에서 왔느냐를 판단하는 일이다. 그렇지 않고 그 방법이 하나님께서 마련해주신 『**피할 길**』인지, 아니면 마귀가 준비한 "덫"인지를 분별하지 못하면 오히려 낭패를 맞게 된다. 그러므로 시험을 당한 그리스도인은 문제의 해결 방법이 영적인지 아니면 육신을 따른 것인지 판단할 수 있도록 늘 기도해야 한다.

■ 새롭게 깨달았거나 적용할 내용이 있다면 적어 보세요. ■

"주의 만찬"을 오해하는 자들

1. "주의 만찬" vs. "우상숭배"

『그러므로 나의 참으로 사랑하는 자들아, 우상 숭배를 피하라. 내가 지혜 있는 사람들에게 말하듯 하노니 내가 말하는 것을 너희는 판단하라. 우리가 축복하는 이 축복의 잔은 그리스도의 피의 교제가 아니며 우리가 떼는 이 빵은 그리스도의 몸의 교제가 아니냐? 이는 우리 많은 사람이 한 빵이요, 한 몸이기 때문이며 우리가 모두 그 한 빵에 참여하기 때문이라』(14-17절).

바울은 이미 7절에서 광야의 이스라엘을 본보기로 들며 우상숭배에 대한 강력한 메시지를 냈고, 이곳 14절에서도 우상숭배를 피할 것을 강권하고 있다. 여기서 바울은 『**그러므로**』라는 말과 함께 예수 그리스도 안에서 한 몸을 이룬 성도들이 지켜야 『**주의 만찬**』에 그 초점을 맞추고 있다. 그러면서 지금껏 "지혜를 자랑하던 고린도 성도들"(고전 1~3장)을 향해 "너희에게 지혜가 있다고 한다면 내가 말하는 것을 한번 판단해보라"며 도전적인 제안도 곁들이고 있다(15절). 더욱이 바울은 16절에서 중요한 교리, 즉 『**잔**』과 『**그리스도의 피의 교제**』, 그리고 『**빵**』과 『**그리스도의 몸의 교제**』에 관해 설명하고 있다.

그런데 "로마카톨릭"은 그들이 행하는 "성체성사"에 정당성을 부여하고자 이 구절을 인용하고 있지만, 사실 고린도전서 11장과 연계해서 볼 때 함부로 빵을 떼거나 잔을 마시는 것에는 반드시 주의를 기울여야 함을 보게 된다. 『**그러므로 누구든지 합당치 않게 이 빵을 먹고 주의 이 잔을 마시는 자는 주의 몸과 피에 대해 죄를 짓는 것이라…이는 주의 몸을 분별하지 못하고 합당치 않게 먹**

고 마시는 자는 자신의 저주를 먹고 마시는 것이기 때문이라.』(고전 11:27,29). 따라서 16절에서 말씀하는 『**축복의 잔**』은 십자가에서 흘리신 실제적인 『**그리스도의 피**』가 아니며, 『**떼는 이 빵**』 또한 십자가에 달리신 실제적인 『**그리스도의 몸**』을 말하지 않는다. 자세히 살펴보면 『**축복의 잔**』은 『**그리스도의 피의 교제**』이며, 『**우리가 떼는 이 빵**』 또한 『**그리스도의 몸의 교제**』라고 말씀하고 있다. 그렇기 때문에 17절에서 우리 많은 사람이 『**한 빵이요, 한 몸**』이라는 말씀 또한 그리스도 안에서 이루는 한 몸을 가리키는 것이다.

따라서 "그리스도의 피의 교제"요, "그리스도의 몸의 교제"인 주의 만찬은 우리를 위해 십자가에 내어주신 "그리스도의 몸과 피"를 기억하는 의식이다. 그래서 주의 만찬에 참여하는 성도들은 참여하기 전에 반드시 자신을 성결하도록 준비시켜야 하는 것이다. 하지만 이러한 성경적 지식이 없으면 "잔"과 "빵"을 예수 그리스도의 실제적인 "몸과 피"로 알고서 그것을 먹고 마시는 "카톨릭"처럼 어처구니없는 짓을 하게 된다. 『**그러나 이 지식은 사람마다 있는 것이 아니기에 어떤 사람들은 우상에게 바쳐진 것으로 알고 지금까지 우상에 대한 양심을 가지고 먹으므로 그들의 약한 양심이 더러워졌느니라.**』(고전 8:7). 그러므로 이러한 카톨릭의 우상숭배는 "주의 잔"에 참여하는 것이 아니라, 오히려 마귀들의 식탁과 잔에 참여하는 것으로써 분명 마귀들과 교제하는 것임을 20절과 21절에서 뒤이어 설명하고 있다.

2. 마귀들과 교제하는 자들

『육신을 따르는 이스라엘을 보라, 제물을 먹는 사람들이 제단에 참여하는 자들이 아니냐? 그런즉 내가 무엇을 말하느냐? 우상은 무엇이며 또 우상들에게 바친 제물은 무엇이냐? 그러나 내가 말하노니 이방인들이 제사하는 것은 마귀들에게 하는 것이지 하나님께 하는 것이 아니

니라. 나는 너희가 마귀들과 교제하는 자들이 되는 것을 바라지 아니하노라. 너희는 주의 잔과 마귀들의 잔을 함께 마실 수 없으며 너희는 주의 식탁과 마귀들의 식탁에 함께 참여할 수 없느니라.』(18-21절)

바울은 고린도전서 8장에서 "우상들에게 바쳐진 제물을 먹는 일"에 관하여 이미 언급한 바가 있다. 그런데 본문에서 『**육신을 따르는 이스라엘**』 곧, 영적 유대인이 아닌 구약의 실제적인 이스라엘을 소환하며 "그 일"에 관해 재차 언급하고 있다. 구약의 이스라엘은 제단에 염소와 송아지를 하나님께 제물로 드렸으며 그것들을 먹었다(18절). 그러므로 하나님께 바쳐진 『**제물을 먹는 사람들**』은 당연히 하나님께 드리는 『**제단에 참여하는 자들**』이다. 같은 맥락에서 우상들에게 바쳐진 제물을 먹는 사람들은 마귀들에게 하는 제사에 참여한 자들인 셈이다. 그러므로 바울은 고린도 성도들에게 "이방인들이 제사하는 것은 마귀들에게 하는 것이니만큼, 한때 이방인이었던 너희들이 우상들에게 바쳐진 제물을 먹음으로써 왜 마귀들의 제사에 참여하려느냐"고 질책한 것이다.

비록 우상은 아무것도 아니지만(고전 8:4), 우상에게 바쳐진 제물을 먹는 것은 마귀들과 교제하는 것이기에 하나님을 대적하는 행위이다. 바울은 14절부터 계속해서 우상숭배와 그리스도의 교제를 대조하며 주의 만찬의 중요성을 언급하고 있는데, 결론적으로 주의 만찬은 "**주의 잔**[그리스도의 피의 교제]"이며, "**주의 식탁**[그리스도의 몸의 교제]"이지(21절), 결코 마귀들의 잔과 마귀들의 식탁에 참여함으로써 마귀들과 교제하는 이방인들의 제사가 아니다.

■ 새롭게 깨달았거나 적용할 내용이 있다면 적어 보세요. ■

성숙한 그리스도인을 위한 성경적 지침

1. 모든 것이 내게 합법적이나

『모든 것이 내게 합법적이나 모든 것이 유익한 것이 아니요, 모든 것이 내게 합법적이나 다 세워 주는 것이 아니니라. 누구나 자기 자신의 유익을 구하지 말고 각자 다른 사람의 유익을 구하라』(23,24절).

고린도전서 8장에서 바울은 "우상들에게 바쳐진 것에 관한 지식"은 형제를 세워 주지 못하고, 오히려 사랑이 세워 주는 것임을 밝힌 바 있다(고전 8:1). 하지만 그러한 지식은 사람마다 있는 것이 아니다(고전 8:7). 따라서 『**약한 양심**』을 가진 자에게 우상도, 우상에게 바쳐진 제물도 아무것도 아님을 아는 "강한 양심"을 가진 자의 자유가 오히려 거침이 되지 않도록 유의하라고 권면한 것이다(고전 8:9). 무엇보다 "약한 양심"에 상처를 주는 것은 그리스도께 죄를 짓는 것이므로 만일 그러한 일로 형제를 실족시키는 일이 있다면, 이 세상이 존재하는 한 고기를 먹지 않겠다는 것이 바울의 입장이다(고전 8:12,13). 그러므로 『**모든 것이 내게 합법적이나**』, 곧 그것이 "바른 지식에 근거한 것"일지라도 다른 사람의 유익을 구하거나 세워 주는 것이 아니라면, 그것은 그리스도인의 덕을 세우기는커녕 오히려 거치는 자가 되는 것이다(32절).

그래서 바울은 고린도전서 13:5에서 사랑은 『**자신의 유익**』을 추구하지 않는 것이라 밝히고 있다(고전 13:5). 특히 24절에서 언급한 다른 사람의 "유익"은 물질적 이익이 아니라 "영적인 풍요함"을 말한다. 그러므로 그리스도인은 자신뿐 아니라, 그리스도 안에서 영적인 풍요를 함께 누리도록 서로를 보살펴야만 하는 것이다. 『**각자 자기 일만 돌보지 말고 남의 일도 돌아보라.**』(빌 2:4)

2. 다른 사람의 양심을 위한 "나의 자유"

『고기시장에서 파는 것은 무엇이나 양심을 위하여 묻지 말고 먹으라. 이는 땅과 거기에 충만한 것이 다 주의 것이기 때문이라. 만일 믿지 않는 사람 중에 누가 너희를 잔치에 청해서 너희가 가고 싶거든 양심을 위하여 묻지 말고 너희 앞에 차려 놓은 것은 무엇이든지 먹으라. 그러나 만일 어떤 사람이 너희에게 말하기를 "이것은 우상들에게 바친 제물이다."라고 하거든 알려 준 그 사람과 양심을 위하여 먹지 말라. 이는 땅과 거기에 충만한 것이 다 주의 것임이니라. 내가 말한 양심은 네 자신의 것이 아니라 남의 것이니 어찌하여 나의 자유가 다른 사람의 양심으로 판단을 받겠느냐? 만일 내가 감사함으로 참여하면 내가 감사하는 것에 대하여 왜 비난을 받겠느냐?』(25-30절)

"고기 시장"은 주로 이교도들이 고기를 사고파는 곳을 말하는데, 이 고기는 제사를 지내고 난 뒤 시장에 나온 것이다(cf. 고전 8:1,13). 하지만 궁극적으로 그것은 모두 『**주의 것**』이다(25절). 그러므로 고기의 출처를 따져 물음으로써 "약한 양심"을 가진 자들에게 혼란을 주지 말고 감사함으로 먹으라는 것이다. 또한 믿지 않는 사람 중에서 잔치에 초대할 경우에도 대접하는 그 사람의 양심을 존중해서 묻지 말고 먹으라고 말한다(27절). 다시 말해 괜히 대접하는 자에게 잔치에 차려 놓은 음식에 대해 꼬치꼬치 물으면서 자신의 믿음을 내세우지 말라는 의미이다. 다만 28절에서 언급한 것처럼 누군가 당신이 그리스도인임을 인지하고 당신에게 "이것은 우상에게 바친 제물이다"라고 알려준다면, 알려 준 그 사람의 양심을 존중해서라도 먹지 말라는 것이 바울의 권면이다.

한편 공개적으로 그리스도를 시인하는 것은 하나님께서 기뻐하시는 일이다(눅 12:8,9). 그러므로 그리스도인은 사람들의 장단에 맞춰서 행동하는 인상을 결코 줘서는 안 된다. 하지만 바울은 말하려는 것은 『**다른 사람의 양심**』에 관한 것이다. 그러므로 그리스도인이 자신의 믿음이나 그리스도 안에서의 자유를 내세우면서 다른 사람의 양심은 전혀 아랑곳하지 않은 채 행동한다면, 상대방은 그 성도에 대해 나쁜 인상을 가지고 『**판단**』할 것이고(29절), 결국 그 성도가 가지는 신앙의 "자유"는 『**비난**』과 함께 많은 제약을 받게 될 것이다(30절, cf. 고전 8:9). 사도 바울이 말하려는 의도가 바로 여기에 있다.

3. 선한 행실의 궁극적인 목표

『그러므로 너희가 먹든지 마시든지 무엇을 하든지 다 하나님의 영광을 위하여 하라. 유대인에게나 이방인에게나 하나님의 교회에게나 아무도 거치는 자가 되지 말라. 나도 모든 일에 있어서 모든 사람을 기쁘게 한 것같이 나 자신의 유익을 구하지 아니하고 많은 사람의 유익을 구하노니 이는 그들로 구원을 받게 하려는 것이라.』(31-33절).

본문 31-33절은 바울이 지금까지 언급한 내용에 대한 최종 결론에 해당한다고 볼 수 있는데, 우선 ❶ 먹든지 마시든지 무엇을 하든지 하나님의 영광을 위해서 하라는 것(31절)과 ❷ 아무에게도 거치는 자가 되지 말라는 것(32절), 그리고 ❸ 많은 사람의 유익을 위해 그들을 구원받게 하는 것이다(33절).

바울은 32절에서 이 세상 사람들을 "세 부류"(고전 1:24)로 나누고 있지만, 33절에서 말한 것처럼 『**모든 일에 있어서 모든 사람을 기쁘게 하는 것**』은 사실상 불가능하다. 하지만 바울이 의도한 『**모든 일**』은 복음을 전하는 일이며(고전 9:16-18), 그 일로 인해 모든 사람이 구원받고 기쁨을 얻기를 바란 것이다(딤전 2:4). 비록 모든 사람이 복음을 받아들이지 않더라도 많은 사람이 구원받게 된다면, 다시 말해 많은 사람의 유익을 위해서라면 그렇게 할 것이라는 뜻이다. 『**내가 모든 사람으로부터 자유인이 되었지만 스스로 모든 사람에게 종이 된 것은 더 많은 사람을 얻으려 함이라. 그러므로 내가 유대인들에게 유대인같이 된 것은 유대인들을 얻고자 함이요, 율법 아래 있는 사람들에게 율법 아래 있는 것같이 된 것은 율법 아래 있는 사람들을 얻고자 함이라. (내가 하나님께 율법 없는 자가 아니요, 그리스도께 율법 아래 있지만) 율법 없는 자들에게 율법 없는 것같이 된 것은 율법 없는 자들을 얻고자 함이라. 내가 약한 사람들에게 약한 사람같이 된 것은 약한 사람들을 얻고자 함이요, 내가 모든 사람에게 모든 것이 된 것은 어떻게 해서든지 몇 사람을 구원하고자 함이라.**』(고전 9:19-22). 결국 다른 사람들을 복음으로 이겨오지 못한다면, 그것은 그 사람의 유익을 구하는 것이 아니며 아무런 유익도 없다는 말이다. 바울이 지금까지 다른 사람의 유익을 구했던 것은 오직 그들로 구원받게 하려는 데 초점이 맞춰져 있었다(31절, cf. 23,24절). 그래서 아무에게도 『**거치는 자**』가 되지 않기를 바란 것이다(32절). 그러므로 무엇을 하든지 자신이 처한 형편에 따라 하되, 『**하나님의 영광을 위하여**』라는 뚜렷한 목적이 있어야 한다는 결론에 이른 것이다. 하지만 오늘날의 은사주의자들은 "무엇을 하든지"라는 말에 걸려 넘어진 채, 경배와 찬양이라는 이름으로 록 음악과 춤으로 난장판을 만들며 무슨 짓을 하든지 "하나님의 영광"을 위한 것이라며 합리화하고 있다.

■ 새롭게 깨달았거나 적용할 내용이 있다면 적어 보세요. ■

NOTES

제4과

주의 만찬에 올바르게 참여하는 방법(11장)

『너희가 이 빵을 먹고 이 잔을 마실 때마다 주의 죽으심을 그분이 오실 때까지 선포하는 것이라』(고전 11:26).

바울을 따르는 자가 되라(1절)

고린도전서 11장에서는 머리를 남자처럼 짧게 깎거나 아예 민머리로 밀고 다니면서 "무질서하게 처신하는 여자들"과 "주의 만찬"에 관한 문제를 다루고 있는데, 이 문제에 관한 한 "그리스도를 온전히 따랐던 사도 바울"을 온전히 따르는 성도가 되어야 한다. 『**내가 그리스도를 따르는 것처럼, 너희는 나를 따르는 자가 되라**』(1절). 그리스도를 "따른다"(follow)는 것은 "모방이나 흉내를 내는 것"(imitate)이 아니며, 말 그대로 전적으로 따르고 적극적으로 동참하는 것을 의미한다(빌 1:7). 이처럼 모든 그리스도인은 주님께서 남겨 놓으신 믿음의 발자취를 따라가면서 다른 누군가가 뒤에서 따라올 수 있도록 적극적으로 믿음의 발자취를 남겨야 한다.

■ 새롭게 깨달았거나 적용할 내용이 있다면 적어 보세요 ■

여자가 머리에 쓰는 문제(1-16절)

『형제들아, 이제 내가 너희를 칭찬하노니 이는 너희가 모든 일에 나를 기억하고 또 내가 너희에게 전달해 준 그 율례들을 지킴이라. 그러나 나는 너희가 알기를 원하노니 즉 각 남자의 머리는 그리스도시요, 여자의 머리는 남자요, 그리스도의 머리는 하나님이시니라. 남자가 누구라도 머리에 무엇을 쓰고 기도하거나 예언하면 그의 머리를 수치스럽게 하는 것이라』(2-4절).

"머리"는 "복종의 대상"으로서, "복종해야 할 권위"가 누구에게 있는지 보여 준다. 사역과 섬김의 질서에 있어서 "그리스도의 머리"는 "하나님"이시기 때문에, 예수 그리스도께서는 "아버지 하나님"께 복종하신다. "남자의 머리"는 "그리스도"이시기에 남자가 복종해야 할 대상은 "그리스도"이시고, "여자의 머리"는 "남자"이기에 여자는 "남자"에게 복종해야 한다. "여자의 머리가 남자인 이유"는, 첫째, 여자가 남자에게서 났고, 남자를 위해 창조되었기 때문이다(8,9절, 딤전 2:13). 둘째, 남자가 속은 것이 아니라 여자가 속아서 범죄했기 때문이다(딤전 2:14). 물론 남자가 여자의 머리라고 해서 남자와 여자 사이에 "신분상의 우열"을 말씀하는 것은 아니다. 다만 하나님께서 정해 놓으신 "권위의 질서"가 그렇다는 것을 보여 준다. 그래서 성경은 『**주 안에서는 여자 없이 남자만 있을 수 없고 남자 없이 여자만 있을 수도 없느니라. 이는 여자가 남자에게서 나는 것같이 남자도 여자를 통하여 나거니와 모든 것은 하나님에게서 나기 때문이라.**』(11,12절)고도 말씀하신다.

이렇듯 권위의 질서 때문에 "남자"는 회중들의 모임이나 예배에서 기도하고 예언할 때 "모자"(복종의 의미)처럼 머리에 무언가를 써서는 안 된다. "무언가를 머리에 쓰는 행위"는 그들의 머리이신 "그리스도"를 수치스럽게 만드는 일인데, 이는 그것이 예수 그리스도가 아닌 다른 권위자에게 복종하는 것을 의미하는 것이기 때문이다. 더군다나 『**하나님의 형상과 영광**』(7절)인 남자가 그리스도가 아닌 다른 권위에 복종한다는 것은 있을 수 없는 일이다! 남자가 "하나님의 형상과 영광"이라고 했을 때, 그것은 남자가 위대하다는 말이 아니라 "하나님께서 위대하시다"는 말씀이다. 남자는 그저 복종의 대상이신 "하나님의 형상과 영광을 드러내는 도구"일 뿐이다. 이와 마찬가지로 여자가 "남자의 영광"이라고 했을 때(7절), 그것 역시 그 권위와 질서에 있어서 여자는 남자의 영광을 드러내는 도구라는 의미가 된다.

한편 "머리에 쓰는 것"을 대신하는 것이 "긴 머리"임을 감안할 때(15절), 남자의 경우 "머리를 길게 기르는 것"은 "무언가를 머리에 쓰는 것"과 동일한 효과를 낳으므로 권위의 질서를 거스르는 행위이자, 예수 그리스도를 수치스럽게 만드는 일이 된다. 특히 남자가 "머리를 기르는 것"은 "본성적으로도" 수치스러운 일이다(14절).

『반면에 여자가 누구라도 머리에 쓰지 않은 채 기도하거나 예언하면 그녀의 머리를 수치스럽게 하는 것이라. 이는 그 여자가 머리를 밀어 버린 것과 마찬가지임이라. 여자가 머리에 쓰지 아니하려거든 또한 깎으라. 그러나 깎거나 미는 것이 여자에게 수치가 된다면 머리에 쓸지니라』(5,6절).

"여자"는 자신의 머리가 남자이기 때문에, 회중들의 모임이나 예배에서 기도하고 예언할 때 "남자에게 복종한다"는 의미에서 머리에 무언가를 써야 한다. 권위의 질서에 순종하고 있다는 표시를 외적으로 드러내야 하는 것이다. 무언가를 쓰지 않으면 그것은 마치 머리를 밀어 버린 것과 마찬가지가 되므로, 결국 그것은 남자에게 복종할 줄 모르는 여자로 드러나게 해서 "수치스러운 여자"로 발견되게 만든다. 더욱이 회중들이 모여서 기도하고 예언하는 자리에 하나님의 "천사들"도 함께하기 때문에(10절, cf. 마 18:20, 눅 15:10), 여자들은 하나님께서 세우신 질서에 순종하고 있다는 사실, 곧 "남자의 권위에 복종하고 있다는 사실"을 그 천사들에게 보여 주기 위해 마땅히 머리에 무언가를 써야 한다(13절). 물론 그렇다고 해서 "로마카톨릭"(천주교)처럼 의무적으로 "모자"나 "베일"을 쓰고 예배에 참석해야 하는 것은 아니다! 오히려 앞에 제시한 본문(5,6절)은 "머리에 무언가를 쓸 것을 권장하는 문맥"이라기보다 "여자가 머리를 길게 길러야 한다는 사실을 강조하는 문맥"인데, 이런 이유로 『**여자가 긴 머리를 하고 있다면 그것은 그녀에게 영광이 되느니라. 이는 그녀의 머리가 그녀의 쓰는 것을 대신하기 때문이라.**』(15절)고 말씀하시는 것이다.

"긴 머리"가 머리에 무언가를 쓰는 것을 대신할 수 있기 때문에, 긴 머리를 하고 있다면 굳이 모자나 베일을 쓸 이유가 없다. "긴 머리"라고 할 때, 그것은 "자신의 목덜미를 넉넉히 덮을 만한 길이의 머리"를 의미한다. 그래서 "성경대로 믿는 교회" 안에서는 굳이 여자들이 모자나 베일을 쓰고 예배와 모임에 참석하는 경우가 없다. 혹자는 "여자가 짧은 머리를 한 다음에 모자나 베일을 쓰고 예배와 모임에 참석하는 것은 어떤가요?"라고 물으면서 논쟁하려 들지 모르지만, 굳이 그렇게 할 필요도 없는 것은 여자들은 "본성적으로도" 머리를 깎거나 미는 것을 수치로 느끼기 때문이다(6절). 굳이 예배나 모임에 참석하는 것을 논할 필요도 없이 평상시에 머리를 짧게 깎거나 밀고 다닌다고 생각해 보라. 이미 그것은 그 여자에게 "수치"가 되고 있는 것인데, 그런 수치를 가리기 위해 사람들 앞에서 "매일 매 순간" 모자와 베일을 뒤집어쓰고 있을 것인가? 또한 그런 식으로 쓸데없는 논쟁을 하려 드는 것은 성경적으로도 합당치 않은데, 이는 『**어떤 사람이 논쟁을 하려고 생각할지 모르나 그런 관습은 우리에게도 하나님의 교회들에도**』(16절) 없기 때문이다. 다시 말해 14,15절의 문맥과 비교해

볼 때, "남자가 여자처럼 긴 머리를 하거나, 여자가 남자처럼 머리를 짧게 깎고 아예 민머리로 밀고 다니는 등," 그런 식의 "관습"은 "하나님의 교회들," 곧 "성경대로 믿는 지역 교회들" 안에 없다는 것이다. 따라서 이 문제를 놓고 왈가불가 논쟁을 걸려 하는 사람이 있다면 그것은 성경적으로 옳지 못하다!

주의 만찬에 관한 문제(17-34절)

『이제 내가 너희에게 명하고자 하는 이것에 관해서는 너희를 칭찬하지 아니하노니 이는 너희가 함께 모이는 것이 유익하기보다는 해로움이라. 먼저, 너희가 교회에 함께 모일 때 너희 가운데 분열이 있다고 들었는데 나도 그 일부는 믿노라. 너희 가운데는 이단들도 있어야만 하리니 그래야만이 너희 가운데 인정받는 사람들이 나타나게 되리라』(17-19절).

교회 안에 "이단들"이 있어야 하는 이유는, 이단들이 있어야 "인정받는 사람들," 곧 "성경대로 진리를 믿고 실행하는 사람들"이 누구인지가 명확하게 드러나기 때문이다(19절). 이것은 고의로 분쟁을 일으키기 위함이 아니고, 오히려 분쟁의 원인과 싹을 잘라 내기 위함이다. 그래서 하나님께서는 때때로 교회 안에 "태풍"을 일으키셔서 쭉정이들을 날려 버리시는데, 그렇게 하신 후에는 그 교회 안에 남아 있는 진짜 성경대로 믿는 그리스도인들에게 더 많은 복을 내려 주시고, 교회를 더욱 강성하게 세워 주신다. 이것이 바로 "교회 안에 이단들이 있어야 하는 참된 이유"이다!

한편 사도 바울은 고린도 교회 성도들이 함께 모이는 것이 유익하기보다는 해롭다고 말하면서 그들을 강력하게 책망했는데(17절), 그 이유는 두 가지 때문이었다. 첫째, 그들 안에 "분열"이 있었기 때문이다(18절, 고전 1:10-16). 둘째, 합당하게 "주의 만찬"을 먹지 않았기 때문인데(20절), 이에 관한 내용이 아래 "20-22절 말씀"에 구체적으로 기록되어 있다.

『그러므로 너희가 한 곳에 함께 모이되 주의 만찬을 먹으려는 것이 아니니 이는 먹을 때에 각자 다른 사람보다 먼저 자기의 만찬을 먹으므로 어떤 사람은 시장하고 어떤 사람은 술 취함이라. 너희에게는 먹고 마실 집이 없느냐? 아니면 너희가 하나님의 교회를 무시하고 가난한 사람들을 부끄럽게 하느냐? 내가 너희에게 무슨 말을 하랴? 이 일로 너희를 칭찬하랴? 나는 칭찬하지 않노라』(20-22절).

그렇다면 어떻게 해야 "주의 만찬"을 온전히 기념할 수 있고, 또 성경적으로 올바르고 합당하게 "주의 만찬"에 참여할 수 있는 것인가? 우선 "주의 만찬의 진정한 의미"가 무엇인지 알아야 하는데, 기본적으로 "주의 만찬"은 "예수 그리스도의 죽으심"을 보여 주는 만찬이다.

『내가 주께로부터 받은 것을 너희에게 전달해 주었나니 이는 주 예수께서 넘겨지시던 그 밤에 빵을 가지고 감사를 드린 후 떼어 말씀하시기를 "이것은 너희를 위하여 쪼개진 나의 몸이니 받아 먹으라. 이것을 행하여 나를 기억하라."고 하셨으며 식후에도 이와 같이 잔을 가지고 말씀하시기를 "이 잔은 나의 피로 된 새 언약이라. 이것을 행하여 너희가 마실 때마다 나를 기억하라."고 하신 것이라』(23-25절).

이 만찬의 식탁 위에 놓인 "빵"은 십자가에서 찢기고 쪼개진 예수 그리스도의 "몸"을 상징하고, 빵과 함께 차려진 "잔"("새 포도주," 마 26:29)은 십자가에서 단 한 방울도 남기지 않고 다 쏟아진 예수 그리스도의 "새 언약의 피"를 상징한다. 한편 주의 만찬은 통상적으로 "식사 후"(25절)에 가졌다. 왜냐하면 주의 만찬은 배불리 먹기 위한 자리가 아니라 예수 그리스도의 죽으심을 기념하는 자리이기 때문이다. 그런데 이런 "기념을 위한 상징적인 의미"를 모른 채 주일마다 실제 "희생제사"를 드리는 종교 집단이 있으니, 곧 "로마카톨릭"이다. 그들은 매주 미사 때마다 소위 "성체성사"라 하여 빵과 포도주를 마시면서 예수님의 "진짜 몸"을 먹고 "진짜 피"를 마신다고 믿는다. 이것은 예수 그리스도의 "단번의 죽으심"을 통해 이룩된 "온전하고 영원한 구속"(히 9:12)을 정면으로 부인하는 가증한 교리이다.

또한 주의 만찬에 참여하는 성도들은 "그리스도의 피와 몸의 교제"를 나누게 되는데, 이는 우리 모두가 "한 몸"에 참여하는 자들이기 때문이다. **『우리가 축복하는 이 축복의 잔은 그리스도의 피의 교제가 아니며 우리가 떼는 이 빵은 그리스도의 몸의 교제가 아니냐? 이는 우리 많은 사람이 한 빵이요, 한 몸이기 때문이며 우리가 모두 그 한 빵에 참여하기 때문이라』**(고전 10:16,17). 우리 모두는 "그리스도의 몸"의 지체들로서 영적으로는 "한 빵"이요, "한 몸"을 이루고 있는 것이다.

한편 주의 만찬에 참여할 때 예수 그리스도의 죽으심만 기념하고 끝내면 안 되고, 반드시 예수 그리스도의 다시 오심, 곧 "재림"을 기억해야 한다.

『너희가 이 빵을 먹고 이 잔을 마실 때마다 주의 죽으심을 그분이 오실 때까지 선포하는 것이라』(26절).

왕으로서 재림하시는 예수 그리스도와 관계없이 죽으심만 기억하는 주의 만찬은 아무 의미가 없다. 주의 만찬을 행함으로써 예수 그리스도께서 다시 오실 때까지 주님의 죽으심을 선포해야 한다. 이처럼 왕이요 구속주이신 주님을 기억하는 "거룩한 자리"이기 때문에, 성도들은 "합당하게" 주의 만찬에 참여해야 한다. 합당치 않게 먹고 마시면 "주님의 몸과 피"에 대해 죄를 짓는 것이 된다.

『그러므로 누구든지 합당치 않게 이 빵을 먹고 주의 이 잔을 마시는 자는 주의 몸과 피에 대해 죄를 짓는 것이라. 사람이 자신을 살펴보고 나서 그 빵을 먹고 그 잔을 마셔야 하리니 이는 주의 몸을 분별하지 못하고 합당치 않게 먹고 마시는 자는 자신의 저주를 먹고 마시는 것이기 때문이라 .이 때문에 너희 가운데 많은 사람이 약하고 병들었으며 상당수가 잠들었느니라. 만일 우리가 우리 자신을 판단한다면 판단받지 않으리라. 그러나 우리가 판단을 받는 것은 주께 징계를 받는 것이니 이는 우리로 세상과 함께 정죄받지 않게 하려 함이로다』(27-32절).

"한 몸"을 이루고 있는 성도들은 "주의 만찬"을 통해 "그리스도의 피와 몸의 교제"를 나눌 때 정결한 상태를 유지하지 않으면 안 된다. 따라서 자백하지 않은 죄들로 더러워진 상태에서 주의 만찬에 참여하는 것은 주님의 몸을 모독하고 파괴하는 일이 된다. 이것을 가리켜 성경은 "주의 몸을 분별하지 못하는 행동"이요, "자신의 저주를 먹고 마시는 행동"이라고 말씀하는데(29절), 그 결과 어떤 성도는 "약해져" 있고, 또 어떤 성도는 "병들어" 있으며, 심지어 "잠든" 성도, 곧 "죽은" 성도도 있는 것이다(30절).

"지옥의 형벌의 저주"를 의미하는 "영원한 정죄"를 받는 것은 아니지만, 자백하지 않은 죄로 인한 "하나님의 징계"에 따른 "일시적인 정죄"를 피할 수 없는 것이다. 왜냐하면 자신을 살펴보고(28절) 판단하는 가운데(31절) 죄를 자백함으로써 예수 그리스도의 피로 그 죄들을 씻어 내야 하는데 그렇게 하지 못했기 때문이다. 결국 하나님께서 그들을 판단하고 심판하실 것인데(32절), 이로 인해 질병이나 죽음 같은 "징계"가 내려지게 된다(32절). 하지만 이러한 "징계"는

"지옥에 가는 정죄"와 다르다! 이는 구원받은 그리스도인들이 "세상과 함께 정죄받는 사람들," 곧 "세상 사람들과 함께 지옥에 가는 사람들"이 아니기 때문이다(32절).

결론적으로, 바울은 주의 만찬에 관한 성경적인 권면을 마친 이후에 "함께 모일 때면 서로 기다리라."라고 고린도 교회 성도들에게 당부하고 있다. **『그러므로 나의 형제들아, 너희가 먹으려고 함께 모일 때면 서로 기다리라. 누구든지 시장하거든 집에서 먹으라. 이는 너희가 함께 정죄받지 않게 하려는 것이라. 나머지 일들은 내가 가서 정리하리라』**(33,34절). 그렇게 하는 것이 한 몸과 한 빵에 참여하는 지체들 간에 나누는 성숙하고 아름다운 사랑이기 때문이다. 또한 묵은 누룩이나 악하고 가증한 누룩을 떼어내 버리고, 누룩 없는 성실과 진리의 빵으로 지켜야 한다고 말씀하는데(고전 5:7,8), 이것은 주의 만찬이 그리스도인들로 하여금 죄악을 단절하고 성별할 수 있게 해 주는 계기가 되고, 또 이런 계기를 선용하여 "거룩한 모습"을 회복한 상태로 주의 만찬에 참여해야 한다는 사실을 알려 준다.

■ 새롭게 깨달았거나 적용할 내용이 있다면 적어 보세요. ■

NOTES

NOTES

제5과

성령의 은사들(12장)

『형제들아, 이제 나는 너희가 영적인 은사들에 관해 무지하기를 원치 아니하노라』(고전 12:1).

영적인 은사

"영적인 은사"는 매우 중요하다. 그래서 성경은 『**은사를 소홀히 여기지 말라.**』(딤전 4:14)라고 말씀한다. 소홀히 여기지 말고 "교회의 머리"이신 예수 그리스도를 위해 교회를 바르게 세우는 데 사용해야 하는 것이다. 고린도전서 12-14장은 "**영적인 은사들**"을 다루고 있다. 무려 세 장을 할애하고 있는 것인데, 그만큼 육신적인 "고린도 교회"는 다른 문제들도 많았지만 "영적인 은사들"에 있어서 보다 심각한 문제를 안고 있었다. 교리적인 혼란이나 성도들 간의 분열과 다툼은 물론, 심지어 이방인들 가운데도 흔치 않은 근친상간의 문제조차 제대로 해결하지 못하고 있었으면서도 은사들을 자랑하며 온갖 육신적인 냄새만 풍기고 있었던 것이다. 이에 바울은 고린도 교회 성도들에게 은사들을 사용하되 『**모든 일을 품위 있게 하고 또 질서 있게 하라.**』(고전 14:40)라고 권면한다.

■ 새롭게 깨달았거나 적용할 내용이 있다면 적어 보세요. ■

은사의 정의(1-6절)

육신적인 "고린도 교회" 성도들은 "영적인 은사들"(spiritual gifts)에 대해 무지했다(1절). "은사"(gift)는 일종의 "선물"(gift)이다. <u>**하나님의 은혜로 구원받은 그리스도인들, 곧 성령 하나님에 의해 예수님을 "주"라고 부를 수 있게 된 성도들(2,3절)에게 하나님의 일을 효과적으로 수행할 수 있도록 성령님을 통해(8절) 주시는 "하나님의 선물"이다**</u>. 성도들 각자에게 주어지는 "은사들"이 다양하지만, 그 은사들을 주시는 성령께서는 동일하시다(4절). 은사들을 통해 수행하는 "봉사들"도 다양하지만, 그 봉사들을 수행하도록 하시는 주 예수께서는 동일하시다(5절, cf. 3절). 또한 나타나는 "역사들"도 다양하지만 역사하시는 하나님께서는 동일하시다(6절).

하나님께서는 구원받은 모든 성도, 『**각 사람**』(7절)에게 적어도 한 가지 이상의 은사를 선물로 주신다(엡 4:7). 『**그러나 이 모든 일은 한 분이신 같은 성령께서 역사하시어 그분께서 원하시는 대로 <u>각 사람에게 나누어 주시느니라</u>**』(11절). 한 사람에게만 모든 영적인 은사들을 몰아서 주시는 것이 아니다. 그래서 성도들 각자는 하나님께로부터 받은 "적합한 은사들"(고전 7:7)을 가지고 동역해야 한다. 그런데 어떤 성도는 자신이 받은 은사가 무엇인지 몰라 제대로 활용하지 못하고 있다. 이로 인해 "영적인 은사들"이 활용되지 않고 종종 사장된다. 이송오 목사는 "지역 교회에 속한 성도들이 자신의 은사를 땅에 묻고 살면, 그 교회는 공동묘지가 된다."라고 말했다.

자신이 성령 하나님께로부터 받은 은사가 무엇인지 모르는 가장 큰 이유는 주님께 완전히 헌신하지 않았기 때문이다. <u>**하나님께서는 "헌신한 성도들"에게 그 성도에게 주신 영적인 은사가 무엇인지 알려 주신다**</u>. 따라서 은사를 발견하는 문제는 자신의 몸을 하나님께 온전히 드렸는지의 여부에 달려 있다. 특히 하나님께서 어떤 성도를 그분의 도구로 쓰시기 위해 그에게 은사를 주시고, 또 그 은사를 통해 일하게 하시기에, 성도들 각자가 자신에게 주어진 은사가 무엇인지 아는 것은 매우 중요하다.

> "하나님께서는 모세에게 지팡이를, 다윗에게 물매를, 삼손에게 나귀의 새 턱뼈를, 삼갈에게 소를 모는 막대기를, 에스더에게 곱고 아름다운 용모를, 드보라에게 시의 재능을, 도르카에게 바느질을, 아폴로에게 유창한 언변을 주시고, 또 각자에게 쓸 수 있는 능력을 은사로 주셨다. 그렇게 함으로 그들 각자는 주님을 위해 가장 효과적으로 일했다"(W.W. Dawley).

은사를 주신 목적(7,11-27절)

1. 영적인 일들을 수행하게 하기 위해

하나님께서 성도들에게 은사를 주신 목적은 무엇인가? 우선 하나님의 일들은 영적인 일들이고, 영적인 일들을 수행하려면 영적인 은사가 필요하기 때문이다. 하나님의 일은 세상적인 방법으로 할 수 없으며, 또 그렇게 해서도 안 된다. 하나님의 일은 "하나님의 사람"이 "하나님의 방법"으로 "하나님의 능력"을 통해서만 해야 한다. 그래서 D.L. 무디는 "하나님의 지혜와 영적인 능력 없이 하나님의 일을 하는 것은 악하고 어리석은 일이다."라고 말했다. 한편 성령 하나님께서는 "친히 원하시는 대로" 각 성도에게 은사들을 나누어 주신다(11절). 예수 그리스도를 자신의 구주로 믿고 새롭게 태어난 피조물들을(고후 5:17) "성령 침례"(13절)를 통해 "친히 원하시는 대로"(18절) 그리스도의 몸 안에 알맞게 넣으셔서 "몸의 각 지체"를 구성하게 하신 후(12절), 각 지체에게 부여된 특별한 임무를 온전히 수행할 수 있도록 그 임무에 필요한 성령의 은사들을 주시는 것이다.

2. 교회의 유익을 위해

모든 지체들, 곧 "그리스도의 몸 된 교회"의 유익을 위해 은사를 주신다. 『**그러나 각 사람에게 성령의 나타나심을 주신 것은 함께 유익을 얻게 하려 하심이라**』(7절). "어느 특정 개인 한 사람"만의 유익이 아니고, "모두를 위한 유익," 곧 "모두가 동시에 함께 얻는 유익"을 위해 은사를 주시는 것이다. 인간의 신체에서 불필요한 부분이 하나도 없듯이, 그리스도의 몸에도 필요 없는 기관은 단 한 가지도 없다. 이는 모두가 "하나의 몸"을 구성하고 있는 지체들이기 때문이다(12절). 또한 스스로 생각하기에 자기 자신은 "중요한 부분"이 아니므로 몸에 속하지 않는다고 말할 수 없다(14-17절). 예외 없이 모두 다 그리스도의 몸을 구성하는 지체들이기 때문이다.

『**그러나 이제 하나님께서는 친히 원하시는 대로 지체들 각각을 몸 안에 두셨느니라. 만일 모두 다 한 지체이면 몸은 어디겠느냐? 그러나 이제 지체들은 많아도 한 몸이니라. 눈이 손에게 "나는 네가 필요 없다." 하거나 또 머리가 발에게 "나는 네가 필요 없다."고 말할 수 없느니라**』(18-21절). 모두 다 "눈"일 수도 없고, 모두 다 "머리"나 "손," "발"일 수도 없다. 자기가 중요한 눈에 해당한다고 해서 손이나 발에게 "너는 필요 없는 존재야"라고 말할 수 없다. **설령 더 약해 보이고 덜 귀하게 여겨지는 몸의 지체들이 있다 해도 "없어도 되는 불필요한 존재"는 아닌 것이다!** 오히려 하나님께서는 부족하고 덜 귀하게 여겨지는 지체들에 대해 더 많은 존귀를 입혀 주심으로 온 몸을 고르게 해 주시는데(22-27절),

이는 그리스도의 몸 안에 분열이 일어나지 않게 하고 서로 간에 동일한 관심을 갖게 하기 위해서이다(25,26절).

교회에 속한 성도들 가운데 단 한 사람이라도 빠지면 "온전한 몸"을 이룰 수 없다. 구원받은 성도라면 누구나 각기 자기 나름의 "위치"와 "고유 기능"을 갖고 있다. 하나님께서는 성도들 각 사람이 한 몸을 이루는 지체들로서 어떤 위치를 차지하고 있고, 또 어떤 기능과 역할을 수행해야 하는지 잘 아시기 때문에, 그 위치에서 몸에 유익을 주고 몸을 바르게 세울 수 있도록 그 위치에 맞는 "적합한 은사"를 각 성도에게 나누어 주신다.

3. 온전함과 섬김과 세움을 위해

『그가 어떤 사람들은 사도로, 어떤 사람들은 선지자로, 어떤 사람들은 복음 전도자로, 어떤 사람들은 목사와 교사로 주셨으니 이는 성도들을 온전케 하며 섬기는 일을 하게하고 그리스도의 몸을 세우게 하여 우리 모두가 믿음의 하나 됨과 하나님의 아들을 아는 지식의 하나 됨에 도달하게 하고 온전한 사람이 되어 그리스도의 충만하심의 장성한 분량에까지 이르게 하려 하심이라』(엡 4:11-13).

위 구절들에서는 하나님께서 은사를 주신 "세 가지 목적"이 나오는데, 첫째, 성도들을 온전케 하실 목적으로 은사를 주시고, 둘째, 섬기는 일을 하게 하시려고 은사를 주시며, 셋째, 그리스도의 몸을 세울 수 있도록 하시기 위해 은사를 주신다. 이 세 가지를 위해 은사가 활용되지 않는다면 그것은 "자기 자랑"이나 "교만"을 위한 것이 될 수밖에 없다. 반면에 이 세 가지 목적이 제대로 이루어진다면, 온 교회는 그리스도의 장성한 분량에까지 이르게 된다. 성도들 각자가 자신에게 주어진 "성령의 은사들"을 발견하여 올바로 사용할 때 교회는 성장하게 되어 있는 것이다.

은사의 종류(8-10,28-31절)

성경에는 20여 가지의 은사들이 나오는데(고전 12장, 엡 4장, 롬 12장), "지혜의 말씀"(8절), "지식의 말씀"(8절), "믿음"(9절), "병 고치는 은사"(9절), "기적들을 행함"(10절), "예언"(10절), "영들을 분별함"(10절), "방언들을 말함"(10절), "방언들을 통역함"(10절) 등이 있으며, 28-30절에서도 반복해서 설명하고 있다. 이 중에서 "가장 작은 은사"는 "방언"(외국어)이고, "최상의 은사들"은 "지혜"와 "지식"과 "예언"이다. 모든 성도는 "최상의 은사들"을 열망해야 한다! 『**오히려 너희는 최상의 은사들을 열망하라. 이제 내가 너희에게 더 좋은 길을 보여 주리라**』(31절). 특히 자신 안에 주어진 『**하나님의 은사를 불일듯 일어나게**』(딤후 1:6) 해야 하고, 『**영적인 은사들을 열망**』하되 『**교회를 세우는 데 풍성하기를**』 구해야 하며(고전 14:12), 그것을 최대한 활용함으로써 하나님께 모든 영광을 돌려야 한다. 그래야 『**아무 은사에도 부족함이 없이 우리 주 예수 그리스도의 오심을**』(고전 1:7) 기다릴 수 있는 것이다.

■ 새롭게 깨달았거나 적용할 내용이 있다면 적어 보세요. ■

NOTES

제6과

가장 위대한 것은 사랑이니라(13장)

『이제 믿음, 소망, 사랑 이 세 가지가 있으나 이 중에서 가장 위대한 것은 사랑이니라』(고전 13:13).

사랑이 없으면

『내가 사람들과 천사들의 방언들로 말한다 해도 사랑이 없으면 소리내는 놋이나 시끄러운 꽹과리가 되고 내가 예언의 은사가 있어 모든 신비와 모든 지식을 알고 또 산을 옮길 만한 모든 믿음이 있다 해도 사랑이 없으면 나는 아무것도 아니요, 또 내가 내 모든 소유를 주어 가난한 사람을 구제하고 내 몸을 불사르게 내어 준다 해도 사랑이 없으면 내게 아무 유익이 없느니라』(1-3절).

"**천사들의 방언**"은 히브리어이다. 『**이 일들 후에 내가 들으니, 하늘에서 많은 사람의 큰 음성이 있어 말하기를 "할렐루야, 구원과 영광과 존귀와 권세가 주 우리 하나님께 있도다**』(계 19:1). 『**또 그들이 다시 말하기를 "할렐루야."라고 하니 그녀의 연기가 영원무궁토록 올라가더라. 그때에 스물 네 장로와 네 짐승이 엎드려 보좌에 앉으신 하나님께 경배드리며 말하기를 "아멘, 할렐루야." 라고 하니**』(계 19:3,4). 하늘에 있는 사람들과 천사들은 히브리어로 말하고 있다. 하나님께서는 자신을 가리켜 『**히브리인의 주 하나님**』(출 9:1)이라고 하셨는데 "히브리인의 주 하나님"께서 셋째 하늘에서 공인하신 천사들의 방언은 히브리어이다. 히브리인들의 하나님께서 히브리인들을 향하여 하늘에서 말씀하셨다면, 그분께서 사용하신 언어는 히브리어였음이 분명하다. "구약성경"도 히브리어로 기록되었기 때문에 히브리어는 하늘의 언어이다. 하나님께서 이 지구상에서 무엇인가를 최초로 기록한 언어는 히브리어였다.

"**사람들의 방언**"이란 다른 언어, 즉 외국어를 말한다(행 2:4). 방언의 은사란 외국어를 배운 적도 없는 사람이 초자연적인 능력으로 일시적으로 외국어를 말함으로써 성령의 역사하심을 "표적"으로 나타냈던 것을 의미한다(행 2:7,8).

그리스도인이 사람들의 방언과 천사들의 방언을 한다 해도 사랑이 없으면 소리 내는 놋이나 시끄러운 꽹과리에 지나지 않는다. "사랑이 없으면" 나는 아무것도 아니며 아무 유익도 없고 그 어떤 종교 행위를 해도 다만 꽹과리처럼 시끄러운 존재에 불과하게 된다.

<u>**고린도전서 13장에서 말하고 있는 "사랑"은 "자애심, 자비심, 자선" 등의 뜻을 가진 "채리티"(charity)이다**</u>. 이것은 기본적으로 "주다, 베풀다"의 뜻을 담고 있으며 일반적인 사랑(love)과는 다른 "자애롭고 자비로운 사랑"이다. 하나님의 "사랑"(love) 역시 그분 자신이 사랑하는 이에게 무언가를 자비롭게 "주는" 개념을 내포하고 있다. 『**하나님께서 세상을 이처럼 <u>사랑하셔서(loved)</u> 그의 독생자를 <u>주셨으니(gave)</u>, 이는 그를 믿는 사람은 누구든지 멸망하지 않고 영생을 얻게 하려 하심이니라**』(요 3:16). 하나님의 숭고한 사랑은 "주시는" 사랑이다. 인간이 할 수 있는 최상의 사랑 역시 "주는" 사랑이다. 무언가를 주지 않는다면 진정으로 사랑한다고 말할 수 없다.

<u>**하나님께서 우리를 사랑하셔서 그분의 독생자를 주셨다면, 우리가 하나님을 사랑할 때에도 무언가를 드려야 한다**</u>. 그것은 기본적으로 우리 자신의 "마음"(잠 23:26)과 "몸"(롬 12:1,2)과 "물질"(눅 8:3, 빌 4:18)이다. 드리지 않는 것은 사랑이 아니다. 베풀지 않는 것도 사랑이 아니다. 사랑은 아무 조건 없이, 아무 대가도 바라지 않고, "사랑하기 때문에" 그냥 주는 것을 의미한다. "베푸는 사랑"은 하나님의 베푸신 사랑이 나를 통해 반영되는 것이다. 베풀 때 하나님과 성도들에게 기억되는 사람이 된다(행 9:39). 우리는 하나님께 받은 대로 베풀어야 할 의무가 있다. 그래야만 예수 그리스도를 주신 하나님의 사랑이 우리를 통해서 나타나기 때문이다.

『**또 내가 내 모든 소유를 주어 가난한 사람을 구제하고 내 몸을 불사르게 내어 준다 해도 사랑이 없으면 내게 아무 유익이 없느니라.**』(3절)라는 말씀은

주긴 주어도 자비로운 사랑으로 하는 일이 아닐 수 있음을 강조한다. 우리는 아무런 자비심도 없이 다른 사람에게 줄 수 있는데, 그것은 진정으로 주는 것이 아니다. 즉 베푸는 사랑은 그 동기가 중요하다. 주는 동기가 "자비로운 사랑"이 아니라면, 다른 사람에게 아무리 퍼다 주어도 주님과는 아무런 상관이 없고, 우리 자신에게도 아무런 유익이 되지 못한다.

모든 것을 믿고 바라며 견뎌 내는 사랑

『사랑은 오래 참고, 친절하며, 사랑은 시기하지 아니하고, 사랑은 자랑하지 아니하며, 교만하지 아니하고, 무례하게 행하지 아니하며, 자신의 유익을 추구하지 아니하고, 급히 성내지 아니하며, 악을 생각하지 아니하고, 불의를 기뻐하지 아니하며, 진리를 기뻐하고 모든 것을 참으며, 모든 것을 믿고, 모든 것을 바라며, 모든 것을 견뎌 내느니라』 (4-7절).

사랑은 모세처럼 오래 참지 못하고 화를 터뜨리지 않는다(민 20:10,11). 사랑은 멜리테 섬 원주민들처럼 친절하다(행 28:1,2). 사랑은 카인(창 4:4,5), 요셉의 형들(창 37:11), 사울왕(삼상 18:8,9), 선임 제사장들(막 15:10), 유대인들(행 13:45), 디오트레페(요삼 1:9)처럼 시기하지 않는다. 사랑은 고린도 교회 사람들처럼 분파(고전 1:12)와 은사(14:23)를 자랑하지 않는다(cf. 1:31). 사랑은 "설령 모든 사람이 주로 인하여 실족할지라도 나는 결코 실족하지 아니하겠나이다."라고 말한 베드로처럼 교만하지 않는다(마 26:33). 사랑은 엘리사에게 "대머리야, 올라가라."라고 했던 아이들처럼 무례하지 않는다(왕하 2:23). 사랑은 자신의 일만 돌보는 이들처럼 자신의 유익을 추구하지 않는다(빌 2:4). 사랑은 급히 성내지도, 악을 생각하지도, 불의를 기뻐하지도 않으며, 진리를 기뻐한다. 사랑은 모든 것을 참으며, 모든 것을 믿고, 모든 것을 바라며, 모든 것을 견뎌 내는데(부모가 자식을 대하듯 하는 자애로운 사랑), 이 모든 것이 사실상 "하나님의 속성"이다. **하나님의 사랑은 고린도전서 13장의 사랑에 관한 모든 내용을 포함한다. 사랑은 하나님께 속한 것이며, 하나님께서는 사랑 그 자체이시다(요일 4:7,8). 하나님은 사랑하는 "척"하지 않으신다**.

사랑은 불의에 대한 분노와 진리에 대한 기쁨을 동시에 담고 있다. 죄를 묵인하는 것은 사랑이 아니다. 만일 그리스도인 형제가 불의를 행하고 있다면, 그것을 모른 척하지 않고 불의에서 손을 떼도록 충고할 줄 아는 것이 사랑이다(살전 5:14, 살후 3:6-15, 딤전 5:20).

진리를 기뻐하는 사랑은 진리의 말씀을 성경대로 전파하고 가르치지 않는 자들을 경계한다. 성경을 왜곡하고 변개시키는 일에 매달리는 학자들과 목사들에 대해 분노하며, 그들의 실체를 알려서 미혹된 혼들이 죄에서 돌이켜 바른 길에 들어서도록 촉구한다. 『**형제들아, 너희 가운데 누가 진리를 떠나 과오를 범할 때 누군가가 그를 회심하게 한다면 그 죄인을 자신의 잘못된 길에서 돌아서게 하는 그 사람은 한 사람의 혼을 사망에서 구원하게 될 것이며, 수많은 죄들을 덮게 되리라는 것을 그로 하여금 알게 하라**』(약 5:19,20).

■ 새롭게 깨달았거나 적용할 내용이 있다면 적어 보세요. ■

사랑 vs. 예언, 방언, 지식

『사랑은 결코 시들지 아니하나 예언들이라도 끝이 올 것이요, 방언들이라도 그치게 될 것이며, 지식도 끝나게 되리라』(8절).

사랑은 영원토록 빛을 잃지도, 결코 시들지도 않는다. 하지만 예언들이 끝나는 이유는, 예언이 성취되면 더 이상 예언으로서 유효하지 않기 때문이다. 방언들은 표적을 구하는, 믿지 않는 유대인들을 향한 표적이었기에(고전 1:22; 14:22) 하나님께서 이스라엘을 다루시던 사도행전 기간에 유대인들이 메시아를 거부함으로써 서서히 중지되었다. 이방인들을 다루시는 현 교회 시대에는 방언이 필요치 않다.

지식이 끝나는 이유는, 지식이 더 이상 필요치 않을 때가 올 것이기 때문이다. 장차 모든 것이 온전해지는 천년왕국이 되면, 그분 안에 모든 지혜와 지식의 보화가 감추어져 있는(골 2:3) 주 예수 그리스도께서 오셔서 통치하시는 천년왕국이 되면 지난 6천 년간 쌓아온 인간의 지식은(단 12:4) 모두 불필요하게 된다. 인간의 지식이란 부분적인 것에 지나지 않는 불완전한 지식이므로, "온전한" 세상이 되면 불완전한 지식은 쓸모없게 된다.

『이는 우리가 부분적으로 알고 또 부분적으로 예언하지만, 온전한 것이 오면 그때에는 부분적으로 하던 것이 끝날 것이기 때문이라. 내가 어린아이였을 때는 어린아이같이 말하고 어린아이같이 이해하며, 어린아이같이 생각하였으나, 어른이 되고 나서는 어린아이의 일들을 버렸노라. 지금은 우리가 유리를 통해 희미하게 보나 그때에는 얼굴과 얼굴을 마주볼 것

이요, 지금은 내가 부분적으로 아나 그때에는 내가 알려진 것처럼 알게 되리라. 이제 믿음, 소망, 사랑 이 세 가지가 있으나 이 중에서 가장 위대한 것은 사랑이니라』(9-13절).

교회 시대에 우리는 하나님의 말씀을 부분적으로 알고 또 부분적으로 예언한다. 우리가 알고 있는 것도 "조금"뿐이고, 예언하는 것도 미래에 일어날 일들 가운데 "조금"뿐이라는 뜻이다. 하지만 『**온전한 것**』이 오면 그때에는 부분적으로 하던 것이 끝나게 될 것이다.

『**온전한 것**』은 재림하실 "주 예수 그리스도"이시다. 어떤 이들이 말하는 것처럼 "신약성경의 완성"이 아니다. 왜냐하면 신약성경은 이미 완성되었지만 지식도 예언도 여전히 부분적이기 때문이다. 하지만 주님께서 오시면 우리가 성경을 통해 부분적으로 알고 부분적으로 예언하던 모든 것이 종결된다.

주 예수 그리스도를 『**온전한 것**』이라고 한 것을 이상하게 생각할 수 있지만, 이것은 단순한 표현 기법에 지나지 않는다. 이 부분을 해석할 때에는 반드시 참고해야 할 말씀이 있다. 즉 『**지금은 우리가 유리를 통해 희미하게 보나 그때에는 얼굴과 얼굴을 마주볼 것이요**』(12절)라는 말씀이다. 성경은 "유리"(고후 3:18)와 "거울"(약 1:23)에 비유된다. 즉 성경을 볼 때에 우리는 주님을 직접 뵙는 것이 아니다. "유리"를 통해 보는 것처럼 주님을 희미하게 마주하고 있을 뿐이다. 하지만 주님께서 오시면 그때에는 주님을 "얼굴과 얼굴로" 마주보게 될 것이다. 지금은 "신약성경"의 종이와 잉크를 통해 주님을 "희미하게" 만나지만 재림 때에는 주님을 직접 대면해서 만나게 된다. "얼굴과 얼굴을 마주 본다"는 것은 문자 그대로 "얼굴과 얼굴을 마주 본다"는 뜻이다!(요이 1:12, 요삼 1:13,14)

신약성경이 완성된 교회 시대에 우리가 알고 예언하는 것들은 어린아이 수

준에 불과하다(11절). 하지만 주님께서 재림하시면 어린아이처럼 이해하지 못했던 것들을 어른처럼 완전하게 알게 될 것이다. 『**지금은 내가 부분적으로 아나 그때에는 내가 알려진 것처럼 알게 되리라.**』(12절)라는 말씀 역시 동일한 뜻을 내포하고 있다. 재림 때에는 "내가 주님께 알려진 것처럼"(즉 주님께서 나를 완전히 아시는 것처럼) 나도 그때에는 부분적으로 알던 것을 완전히 알게 될 것이라는 뜻이다. 11절은 지식과 예언을 "어린아이 수준"과 "어른 수준"으로 분리하고 있다. 주님께서 재림하시면 우리는 더 이상 어린아이처럼 생각하고 행동하지 않을 것이다. 『**그들은 나의 모든 거룩한 산에서 해치거나 파괴시키지 않으리니 이는 마치 물들이 바다를 덮음같이 세상이 주의 지식으로 충만할 것임이니라**』(사 11:9).

『**이제 믿음, 소망, 사랑 이 세 가지가 있으나 이 중에서 가장 위대한 것은 사랑이니라**』(13절). 즉 사랑에 비하면 믿음과 소망은 아무것도 아니라는 것이다. 사랑이 없으면 믿음과 소망은 아무짝에도 쓸모가 없게 된다. 말씀을 알고 믿는 믿음(지식)과 미래에 대한 소망(예언)은 현재의 그리스도인들에게 매우 중요하지만, 주 예수 그리스도께서 오시면 지식과 예언이 끝나고 오직 "사랑"만 남을 것이기 때문이다. 주님께서 오시면 믿음도 소망도 필요 없고(cf. 히 11:1) 모든 것이 온전하게 완성된다.

사도 바울은 사랑은 영원토록 시들지 않기 때문에 최상의 영적 은사들을 열망하기 전에 믿음, 소망, 사랑 중 가장 위대한 사랑을 추구하라고 촉구한다(13:13). 사랑을 추구한 다음에는 최상의 은사로서 예언을 열망하라고 명령한다(14:1). 즉 성경을 공부해서 미래에 일어날 일들을 깨닫고 예언할 수 있다 해도 그 바탕에 사랑이 깔려 있지 않으면 그 지식과 예언이 헛되게 되기 때문이다. 성경은 『**예수의 증거가 예언의 영이기 때문이라.**』(계 19:10)라고 말씀한다. 구원받지 못해서 지옥에 갈 죄인들에게 예수 그리스도를 영접하면 하늘나라에 갈 수 있다고 말한다면, 우리는 예언을 하고 있는 것이다. 모든 그리스도인은 그가 믿어서 알고 있는 복음으로 죄인의 미래를 예언할 수 있다. 하지만 이 예언은 단순한 정죄나 지식 전달이 아닌 "**사랑**"을 그 동력으로 하여 전파해야 한다.

■ 새롭게 깨달았거나 적용할 내용이 있다면 적어 보세요. ■

NOTES

제7과

"방언의 은사"에 관한 성경적 조명(14장)

『그러므로 방언들은 믿는 사람들을 위한 것이 아니라 믿지 않는 사람들을 위한 표적이지만 예언은 믿지 않는 사람들을 위한 것이 아니고 믿는 사람들을 위한 것이라.』(고전 14:22).

인류의 반역으로 시작된 "방언"

"방언"(tongue)이라는 단어는 창세기 10장에 처음으로 등장하는데, 창세기 11장에서 그 발생 배경을 찾을 수 있다. 아담의 불순종과 노아의 날들에 있었던 심판에도 불구하고, 타락한 인간들은 여전히 하나님을 대적하는 마음을 버리지 않았다. 이어 하나님의 보좌에 오르고자 했던 사탄에게 동조한 미친 마음을 품은 인간들이 자신들의 이름을 내고자 하늘에 닿도록 탑을 쌓았다(창 11:4). 결국 온 땅에 "하나의 언어와 하나의 말"만 있었던 당시 상황은 하나님의 진노로 인해 언어적인 혼란이 생기고 말았다(창 11:7-9). 하나님은 혼란의 창시자가 아니시나, 인간의 죄과로 인해 화평의 하나님으로부터 멀리 흩어지게 되었다(사 59:2). 결국 노아의 아들들인 셈과 함과 야펫의 후대는 서로 알지 못하는 방언을 사용하게 되었다(창 10:5,20,31).

"방언"은 신약에도 등장하는데, 첫째는 "새 방언들"(막 16:17)로 말하는 당사자가 전혀 배워 본 적이 없는 새로운 언어이다. 두 번째는 "다른 방언들"(행 2:4)인데, 이것은 말하는 당사자가 배웠을 수도 있고 그렇지 않을 수도 있지만 듣는 사람은 그것을 알아듣는 언어이다. 마지막으로 "알지 못하는 방언"(고전 14:2)인데, 이것은 말하는 당사자는 알고 있지만, 회중은 전혀 알아듣지 못하는 언어이다. 그래서 반드시 통역이 필요한 것이다. 이렇듯 "방언"은 하나의 "언어"이며 "말"(voice)일뿐, 오늘날 은사주의자들이 떠들어 대는 괴상한 "소리"(sound)가 아님을 바울은 분명히 밝히고 있다.

"영적인 은사들"의 궁극적인 목적

1. "영적인 은사들"을 열망하되…

『사랑을 추구하라. 영적인 은사들을 열망하되 특별히 예언을 할 수 있도록 하라』(1절).

고린도전서 12-14장은 그리스도의 몸인 교회에 주신 **『영적인 은사들』**에 관해 언급하고 있다. 12장에서 사도 바울은 고린도 교회의 성도들이 "영적인 은사들"에 관해 무지하기를 원치 않았으며(고전 12:1), 오히려 **『최상의 은사들』**을 열망하기를 바랐다(고전 12:31). 그래서 바울은 뒤이은 13장에서 "방언"이나 "예언"이나 그 어떤 영적인 은사라고 할지라도, **『사랑』**(charity)이 없으면 아무런 유익이 없음을 더불어 강조했다. 이것은 주님의 "사랑"으로 탄생한 교회에 영적인 은사들을 주신 것은 결국 교회를 세우기 위한 것임을 고린도전서 14장에서 충분히 설명하려는데 있다(엡 4:8,11-13). 그런 간절한 마음으로 바울은 **『사랑을 추구하라. 영적인 은사들을 열망하되 특별히 예언을 할 수 있도록 하라.』**라는 권면으로 말문을 열고 있다. 그런데도 그들 가운데는 바울이 쓴 편지를 주의 명령으로 인식하지 않는 교만한 자들이 있었기에, 그들을 향해 **『그러나 누구든지 무지하다면 무지하게 내버려 두라.』**라고 경고한 것이다. 이러한 "무지(ignorant)는 결국 하나님의 말씀을 "무시"(ignore)하는 것에서부터 비롯된다.

■ 새롭게 깨달았거나 적용할 내용이 있다면 적어 보세요. ■

2. 자신을 세우는 "방언" vs. 교회를 세우는 "예언"

『이는 알지 못하는 방언으로 말하는 사람은 사람에게 말하지 아니하고 하나님께 하는 것이기 때문이요, 또 어떤 사람도 알아듣지 못하나 그가 영으로 신비들을 말하는 것이기 때문이라. 그러나 예언을 하는 사람은 사람들에게 말하며 세워 주고 권면하고 위로하느니라. 알지 못하는 방언을 말하는 사람은 자신을 세우나 예언하는 사람은 교회를 세우느니라』(2-4절).

본문 2절에서 『**알지 못하는 방언**』(unknown tongue)으로 말하는 사람은 고린도전서 12:3에서 말씀하시는 『**하나님의 영**』으로 말하는 사람과 분명히 구분된다. 누군가가 "알지 못하는 방언"으로 회중에게 말한다면, 그들은 그것이 "무슨 말인지 이해하지 못하기 때문에"(16절), 일종의 『**신비들**』(mysteries, cf. 고전 4:1)을 말하는 것으로 여기기 마련이다. 특히 은사주의자들은 흔히 자신들이 방언을 말할 때면, 성령으로 충만해지면서 몸이 뜨거워지다가 갑자기 "무아지경의 상태"에서 그것이 터진다고 말한다. 그래서 "자신의 영"조차도 알지 못한다고 주장하지만, 아이러니하게도 그들은 다른 한편에서 방언이 터지도록 끊임없는 연습과 개발에 매진하고 있다.

이처럼 "알지 못하는 방언"은 말하는 당사자를 대단한 사람으로 보이게 하고, 또한 말하는 본인만 알기 때문에 자신에게만 유익이 될 뿐이다. 결국 이 모든 것은 자신을 세우는 데만 도움이 될 뿐이다(4절). 따라서 이것은 바울이 앞서 말한 "자신의 유익을 추구하지 않는 사랑"(고전 13:5)과도 정면으로 배치된다. 그렇기 때문에 바울은 본문 1절에서 사랑을 추구하라고 거듭 강조하면서 영적인 은사들을 열망하되 특별히 예언을 할 수 있도록 하라고 권면한 것이다. 왜냐하면 "예언의 은사"는 사람들을 세워 주고, 권면하고, 위로함으로써 궁극적으로 교회를 세우기 때문이다(3절).

성경 변개자들은 고린도전서 14:2의 『**신비들**』(mysteries)을 "비밀(secret)"로 바꾸어 놓았는데, 이것은 "알려서는 안 될" 비밀과 "알아듣지 못하는" 방언조차 구분하지 못한 무지에서 나온 것이다.

교회를 세우는 데 필요한 은사는?

1. "방언"은 교회를 세우는 데 유익한가?

『나는 너희 모두가 방언들로 말하기를 바라지만 차라리 예언하기를 바라노라. 이는 방언들로 말하는 자가 통역을 하여 교회가 세움을 입지 못한다면 예언하는 자가 더 낫기 때문이니라. 그러므로 형제들아 만일 내가 너희에게 가서 방언들로만 말하고 계시로나 지식으로나 예언으로나 교리로 말하지 아니한다면 너희에게 무슨 유익을 주겠느냐?』(5,6절).

바울의 궁극적인 바람은 교회가 세움을 입는 것인데, 그렇게만 된다면 『**모두가 방언들로 말하기를 바란다**』고 말한 것이다. 하지만 실상은 그렇지 않기 때문에 "차라리 예언하기를 바란다"고 한 것이다(5절). 방언들을 말하기 위해서는 반드시 『**통역**』이 필요하지만, 통역한다고 해서 전달하고자 하는 의미가 모두 정확히 전달될지는 미지수이기 때문이다. 사실상 바울은 많은 방언(히브리어, 라틴어, 헬라어 등)으로 말할 수 있는 능력이 있었다(18절). 하지만 그가 성도들에게 방언들로만 말하고, 그에게 나타내신 『**계시**』나 진리의 『**지식**』, 그리고 장차 일어날 일들에 대한 『**예언**』이나 성경적 『**교리**』로는 말하지 않는다면, 그것이 성도들에게 곧, 교회가 세움을 입는데 무슨 "유익"을 줄 수 있겠느냐며 핵심을 찌른 것이다(6절).

2. 이 세상에 "무의미한 말"은 하나도 없다.

『세상에 수많은 종류의 말이 있을지라도 뜻 없는 말은 하나도 없으니 그러므로 내가 그 말의 뜻을 알지 못하면 말하는 그 사람에게 나는 야만인이 되고 말하는 그 사람도 나에게 야만인이 되리라. 너희도 마찬가지라. 너희가 영적인 은사들을 열망한 이상 교회를 세우는 데 풍성하기를 구하라』(10-12절).

생명이 없는 『**피리**』나 『**하프**』 그리고 『**나팔**』 조차도 각각의 목적에 따라 만들어졌고 그 소리를 구별하도록 만들어졌는데(7,8절), 하물며 생명을 가진 인간에게 주신 『**말**』("voice")은 어떠하겠는가? 그런데 그조차도 서로 알아들을 수 없다면 어떻게 되겠느냐며 지금 반문하고 있다. 그러므로 『**쉽게 알아들을 수 없는**』 방언으로 곧, 이해하기 쉽지 않은("not easy to be understood") 말로 전한다면, 그것은 허공에다 말하는 것이나 다름없다며 "아주 쉽게" 설명하고 있다(9절).

세상에는 수많은 종류의 "말"이 있을지라도 모두가 각각의 『**뜻**』("meaning")을 담고 있다(10절). 그래서 누군가가 "뜻 모를 말"을 하게 되면, 그것을 말하는 사람이나 그것을 알아듣지 못하는 사람 모두가 서로에게 야만인이 될 뿐이라며 비꼬듯 말하고 있다(11절). 그래서 바울은 방언을 최상의 은사로 인식하는 고린도 교회의 성도들에게 "너희가 영적인 은사들을 열망하고 있지 않으냐? 그렇다면 교회를 세우는 데 풍성하기를 구하라"며, 재차 하나님께서 각자에게 나눠 주신 영적인 은사들의 궁극적인 목적을 상기시켜준 것이다(12절).

3. 일만 마디의 "방언"보다는 다섯 마디의 "말"로 가르치라.

『만일 내가 알지 못하는 방언으로 기도하면 내 영은 기도하는 것이지만 나의 지각은 열매를 맺지 못하리라... 그러나 교회 안에서는 일만 마디의 알지 못하는 방언으로 말하기보다는 차라리 나의 지각으로 다섯 마디 말을 하여 나의 말로 다른 사람들을 가르칠 수 있기를 원하노라』(14-19절).

본문 14절에서 바울은 "알지 못하는 방언"으로 기도하는 것을 『**내 영**』이 기도하는 것이라 말하는데, 그 이유는 내 안에 있는 영으로 기도하면 다른 사람은 알 수 없기 때문이다. 그러므로 본문에서 말하는 "내 영"은 성령이 아니라, 그 사람 안에 있는 "사람의 영"을 말한다. 『**사람의 일을 그 사람 안에 있는 사람의 영이 아니면 누가 알리요?**』(고전 2:11) 특히 바울은 상대방이 알아듣지 못하는 방언으로 기도하는 것을 두고, 『**나의 지각은 열매를 맺지 못한다**』고 꼬집고 있다. 자신은 방언으로 ❶ 『**기도**』하면서 하나님과 교제한다고 여기겠지만, 그 기도를 알아듣지 못하는 회중은 결코 이해할 수도, 이해하지도 못한다(고전 2:11). ❷ 『**찬양**』도 마찬가지이다(15절). 수많은 시와 찬송으로 하나님께 영광을 돌린 앞서간 성도들로 인해 현재의 성도들이 감동되어 주님께 더 가까이 다가가는 계기가 되지만, 방언으로는 아무런 은혜가 되지 않는다. ❸ 그렇다면 『**축복**』은 어떤가(16절)? 시편 136편뿐 아니라 성경의 많은 구절에서 "주께 감사하라"는 명령이 주어졌다. 그런데 방언으로 말한다면 그에게는 감사가 되겠지만, 그 감사를 듣는 성도들은 결코

"아멘"을 외칠 수 없다. 하나님께서 이루어주신 일들에 대한 공개적인 "간증"도 마찬가지이다.

결국 바울은 자신 안에 있는 "영으로" 기도하기에 당연히 이해할 수 있지만, 동시에 듣고 있던 다른 사람들도 이해할 수 있는 "지각"으로도 기도하겠다는 입장을 천명한 것이다(15절). 다시 말해 "영으로"(알지 못하는 방언으로) 기도하더라도, 동시에 "지각으로도" 알아듣고 이해할 수 있게끔 기도하고, 찬양하겠다는 것이다. 이것이 교회를 세우는 데 유익하기 때문이다. 그래서 바울은 『**일만 마디의 알지 못하는 방언으로**』("내 영으로") 말하기보다는 차라리 『**나의 지각으로**』("나의 말로") 알아들을 수 있는 다섯 마디 말, 예컨대 『**너희가 은혜로 구원을 받은 것이라(엡 2:5, by grace ye are saved)**』는 말씀으로 다른 사람들을 가르치길 원했던 것이다.

"나의 지각"(my understanding)

바울이 고린도전서 10:29에서 말한 "양심"이 자신의 것이 아니라 다른 사람의 것이라고 말한 것처럼, 고린도전서 14장에서 말씀하고 있는 "지각(understanding)" 또한 자신의 것이 아닌 다른 사람을 위한 것임을 알 수 있다. 즉 "나의 지각"으로 나는 알 수 있지만, 다른 사람이 "판단"할 수 없으므로 열매를 맺지 못한다는 것이다. 반면에 "예언"은 다른 사람이 듣고 판단할 수 있으므로 열매를 맺게 되는 것이다(24절).

■ 새롭게 깨달았거나 적용할 내용이 있다면 적어 보세요. ■

"방언"과 "예언"은 누구를 위한 것인가?

1. "방언"의 은사를 열망하는 육신적인 교회

『형제들아, 깨닫는 데에는 어린아이가 되지 말고 악에는 어린아이가 되더라도 깨닫는 데에는 어른이 되라』(20절).

방언은 교회를 세우는 데는 아무런 도움도 되지 않을뿐더러, 성도들이 열망해야 할 최상의 은사는 더더욱 아니다. 그런데도 이것을 깨닫지 못하고 방언에만 집착한다면, 그리스도 안에서 여전히 어린 아기로서 육신적인 사람으로 머물게 되는 것이다(고전 3:3). 바울은 이점을 지적하면서 깨닫는 데에는 어린아이가 되지 말고, 어른이 되라고 권면하고 있다. 특히 고린도 교회는 청개구리처럼 바울의 권면과는 정반대의 길을 걸음으로써 자주 책망을 받아왔는데, 그 주된 원인이 바로 모든 판단의 근거가 하나님의 말씀에 있지 않고 "인간의 지혜"에 있었기 때문이다(고전 6:5; 14:37).

2. 믿지 않는 자들을 위한 "방언" vs. 믿는 자들을 위한 "예언"

『그러므로 방언들은 믿는 사람들을 위한 것이 아니라 믿지 않는 사람들을 위한 표적이지만 예언은 믿지 않는 사람들을 위한 것이 아니고 믿는 사람들을 위한 것이라』(22절).

구약의 유대인들은 늘 표적이 필요했던 사람들이다. 그래서 하나님께서 그들에게 방언의 표적을 보여주셨는데, 본문 21절은 이사야 28:11의 예언이

성취된 결과이다. **『이는 그가 더듬는 입술과 다른 언어로 이 백성에게 말씀하실 것임이라』**(사 28:11). 문제는 그들이 "그 모든 것으로도" **하나님께** 귀를 기울이지 않았다는 점이다. 방언의 표적에도 불구하고 이스라엘은 믿지 않았다. 그래서 바울은 방언은 **『믿지 않는 사람들』** 곧, "표적을 보지 않고서는 도무지 믿지 않는 유대인"을 위한 것이며, 예언은 **『믿는 사람들』**을 위한 것이라 말한 것이다(22절). 결론적으로 바울은 "방언"은 믿는 그리스도인들을 위해 주어진 것이 아님을 분명히 밝히고 있다. 그런데도 성도들이 모여서 모두가 방언들로 말하게 되면, 방언을 **『배우지 못한 사람들』**이나 **『믿지 않는 사람들』**이 들어와서 "하나님께 영광"을 돌리기보다는 그들을 "미쳤다"고 할 것이 뻔하다(23절). 그러므로 이러한 작태는 교회를 세우는 일과는 거리가 너무나 동떨어진 것이다.

"방언"이 유대인들에게 표적으로 주어진 은사라면, "예언"은 교회에 주어진 은사이다. 거듭난 성도들이 장차 일어날 일들에 대해 할 수 있는 최소한의 예언은 "주 예수 그리스도를 믿고 구원받으면 하늘나라에 가고, 그렇지 않으면 지옥으로 간다"는 사실이다. 이 예언의 말씀 곧, 진리의 말씀은 사람들의 양심에 찔림을 주어 그들을 구원으로 인도하고, 진리로 양육함으로써 교회를 세워나간다(24절). 바울이 "예언의 은사"를 열망하라며 촉구한 것도 이 때문이다. 그러므로 오늘날 비성경적인 방언을 지껄이는 은사주의자들은 오히려 십자가의 원수들이며, 복음의 방해꾼들로서 성령의 은사와는 아무런 관련이 없는 자들이다. 그러므로 그들이 내뱉는 알지 못하는 방언으로는 어떤 구령의 열매나 성령의 열매도 맺을 수 없다. 특히 주님 오시는 그날에 『이리 올라오라』(계 4:1)는 주님의 음성이 그들의 열망대로 "알지 못하는 방언"으로 들린다면, 그들 중 과연 몇 명이 하늘로 들려 올라가겠는가?

"방언"과 "예언"에 대한 성경적 실행지침

1. 모든 것을 세우기 위해 하라.

『형제들아, 그러면 어떻게 해야 하겠느냐? 너희가 함께 모일 때에 너희 각자에게 시도 있고 교리도 있으며 방언도 있고 계시도 있으며 통역도 있으니 모든 것을 세우기 위하여 하라』(26절).

거듭난 성도들이 모이기에 힘쓰는 것은 당연한 일이다(히 10:25). 그런데 함께 모이는 것이 때론 유익하기보다는 해로운 경우가 있는데, 그 이유는 모여서 분열만 일으키거나 서로를 세워 주지 못하기 때문이다(고전 11:17-22). 그래서 바울은 그리스도인들이 함께 모여서 『**시**』와 "찬송"을 부르고, 『**교리**』를 배우며, 『**방언**』(외국어)으로 말하고 『**통역**』하며, 성경적 『**계시**』를 가르치기도 하지만, 궁극적인 목적은 교회를 세우기 위한 것이어야 됨을 강조하고 있다(26절).

바울은 이 목적을 위해 방언과 예언에 대한 세부적인 지침을 설명하고 있는데(27-33절), 먼저 ❶ "**알지 못하는 방언**"을 하려면 "남자"(any man)가 하되, "세 사람"을 넘지 않도록 수를 제한하고 있으며, 그것도 한 사람씩 "차례로" 하도록 순서를 정하고 있다(27절). 무엇보다 방언은 "통역"을 두어야 하는데, 만일 통역이 없으면 교회에서는 조용히 해야 한다(28절). 그렇다면 ❷ "**예언**"에 대한 지침은 어떠한가? 예언은 둘이나 셋이 말하되, 다른 사람들은 "판단"해야 한다(29절). 하지만 곁에 앉아 있는 다른 사람에게 "계시가 있으면" 예언하던 사람은 잠잠해야 할 것을 명하고 있다(30절). 여기서 『**계시가 있거든**』이란 말은 구약의 선지자들처럼 환상 가운데서 하나님의 음성을 들었다는 것이 아니라, 전파할 진리의 말씀이 있다는 뜻이다. 다시 말해 회중에게 전달하고자 하는 하나님의 말씀이 있다면, 차례대로 질서 가운데서 전하라는 것이다. 그래서 한 사람씩 예언할 수 있다고 말한 것이다(31절). 무엇보다 예언의 목적은 모두 배우게 하고, 위로받게 하려는 것으로, 바울이 앞서 밝힌 바가 있다(3절).

따라서 거듭난 성도들로 구성된 성경대로 믿는 교회라면 결코 혼란을 일으키는 방언을 말하지 않고, 진리의 말씀을 질서정연하게 제시할 것이다. 오직 그러한 교회만이 **『하나님은 혼란의 창시자가 아니라 화평의 창시자이심』**을 입증할 수 있다(33절). 그래서 바울은 **『성도들의 모든 교회에서와 같이』**라는 표현을 통해 방언에 대한 문제가 유독 육신적인 "고린도 교회"에서만 발생한다는 점을 은근히 꼬집음으로써 그들을 부끄럽게 하고 있다.

『예언하는 사람들의 영들은 예언하는 사람들에게 복종하나니』(32절)

"예언하는 사람들"은 "예수의 증거인 예언의 영"(계 19:10)을 가진 자들로서 진리의 말씀을 선포하는 자들에게 복종하기 마련이다. 이것은 사람에게 복종하는 것이 아니라 그 사람의 입에서 하나님의 말씀이 선포되기 때문이다. 데살로니가 성도들은 선포되는 그 말씀을 사실 그대로 하나님의 말씀으로 받아들였다(살전 2:13). 특히 이러한 복종은 "질서" 가운데서 이루어지는 것으로 "화평"과 직결된다. "무질서"는 혼란을 일으키기지만, 질서 가운데 복종하는 것은 화평으로 이어진다. 그러므로 화평의 창시자이신 하나님의 말씀에 따라 복종하는 것이다. 질서를 무너뜨리고 반역을 일삼는 마귀는 혼란의 창시자이다.

■ 새롭게 깨달았거나 적용할 내용이 있다면 적어 보세요. ■

2. 모든 일을 품위와 질서 가운데 행하라.

『만일 누구든지 자기를 선지자나 영적인 사람으로 생각한다면 내가 너희에게 쓰는 글들이 주의 명령들임을 인식해야 할 것이라. 그러나 누구든지 무지하다면 무지하게 내버려 두라. 그러므로 형제들아, 예언하기를 열망하고 방언들로 말하는 것을 금하지 말라. 모든 일을 품위 있게 하고 또 질서 있게 하라』(37-40절).

본문 34절에서 바울이 뜬금없이 여자들은 교회 안에서 꿀 먹은 벙어리처럼 입도 벙긋하지 말라고 명하는 것이 아니다. 앞뒤 문맥을 살펴보면 여자들은 교회 내에서 방언하지 말라는 경고로써, 이와 더불어 바울은 그것을 수치라고까지 말하고 있다(35절). 여자들이 교회 내에서 아이들을 가르치거나 찬양하고 기도하는 것은 허용된다(고전 11:5). 다만 방언은 여자들에게 허락되지 않았으므로 바울이 율법까지 언급하며 이에 "복종"할 것을 명하고 있다(34절, 창 3:16).

바울은 이와 함께 방언을 최상의 은사로 여기며 그의 권면을 무시하는 자들에게 『**하나님의 말씀이 너희에게서 나왔느냐? 아니면 너희에게만 이르렀느냐?**』(36절)는 질문을 던지고 있지만, 실은 "하나님의 말씀"에 순종하지 않는 자들에게서는 아무것도 나오지 않는다는 것을 말하고 있다. 그러므로 그들이 자신들을 『**선지자나 영적인 사람**』으로 여긴다면 "사도요, 그들의 영적 아버지"인 바울이 쓴 글들이 『**주의 명령들**』임을 금방 알아차렸을 것이다(37절). 왜냐하면 선지자나 영적인 사람은 하나님의 말씀과 관련된 일을 하는 사람으로서 하나님의 말씀에 즉각적인 반응을 나타내며 순종하기 때문이다. 결국 하나님께서 바울을 통해 이러한 명령을 하고 계신 것은 그들이 하나님의 말씀에 순종하지 않았기 때문이다. 그러므로 말씀에 순종하지도 않으면서 하나님의 말씀을 환상 가운데서 특별히 자신에게만 계시하셨다거나, 하나님의 음성이 들려왔다는 말들은 모두 터무니없는 주장이다.

바울은 고린도 교회의 성도들이 영적인 은사들에 관해 무지하기를 원치 않았다(고전 12:1). 그렇기에 바울은 여러 가지 성경적 지침들로 그들의 잘못을 바로잡으려 했고, 최종적으로 『**예언하기를 열망**』하라고 말을 맺고 있다(39절). 그런데도 교회를 세우는 것과 무관한 방언을 최상의 은사인 양 무질서하게 행동하는 자들을 향해 『**그러나 누구든지 무지하다면 무지하게 내버려 두라**』고 경고한 것이다(38절, cf. 살후 3:6,7,11). 그래서 그들이 "열망하는 방언"을 금하지 말라고 한 것도 이러한 맥락에서 나온 것이다. 그렇지만 바울은 혹여 이러한 말조차도 그들이 오해할까 싶어, 미덥지 않은 그들을 향해 마지막으로 『**모든 일을 품위 있게 하고 또 질서 있게 하라.**』는 당부의 말을 남기고 있다(40절).

■ 새롭게 깨달았거나 적용할 내용이 있다면 적어 보세요. ■

NOTES

NOTES

제8과

성도의 부활과 바울의 문안 인사(15,16장)

『이는 아담 안에서 모든 사람이 죽은 것같이 그리스도 안에서 모든 사람을 살게 하려 함이라. 그러나 각자 자기의 서열대로 되리니 그리스도가 첫열매들이요, 그 다음은 그리스도께서 오실 때 그분께 속한 사람들이라』(고전 15:22,23).

그리스도의 부활에 관한 무오한 증거(15:1-7)

교회 시대의 "구원의 복음"의 핵심은 "예수 그리스도의 죽음과 장사와 부활"이다(3,4절). 어떤 죄인이라도 이 복음을 "굳게 잡고 헛되이 믿지 않는다면" 이 복음을 통해 구원받게 된다(1,2절). 여기서 중요한 것은 예수 그리스도의 죽음과 장사와 부활이 모두 "성경대로" 이루어졌다는 점인데(3,4절), "죽음"과 "장사"에 관해서는 이사야 53:4-9에 기록되어 있고, "부활"에 대해서는 시편 16:10(사도행전 13:35-37 참조)에서 언급하고 있다. 이렇듯 하나님의 말씀인 성경이 "예수 그리스도의 부활"의 『**무오한 증거**』(행 1:3)가 되고 있는데, 성경 하나만으로도 예수님의 부활은 충분히 입증되는 것이다. 그러나 하나님께서는 증인석에 "부활을 목격한 증인들"을 500명 이상 세우심으로써(5-7절) 그리스도의 부활이 "무오한 역사적 사실"임을 다시 한 번 강조하셨다.

▪ 새롭게 깨달았거나 적용할 내용이 있다면 적어 보세요. ▪

부활의 진실에 대한 논증(15:8-19)

바울 역시 "그리스도의 부활의 증인"으로서, 비록 과거에는 "하나님의 교회"를 박해한 죄인이었지만(9절), 그가 하나님의 은혜로 구원받았을 때(10절), 그는 부활하신 예수님을 직접 목격했고(8절), 그리스도의 부활을 믿었으며 그 사실을 전파했다(11절). 그런데 고린도 교회 안에는 "죽은 사람들이 어떻게 다시 살아나겠느냐?"라고 의심하며 부활을 믿지 않는 사람들이 있었다(12절). 하지만 "죽은 자들의 부활을 부인하는 것"은 "예수님의 부활을 부인하는 것"(13절)이 되고, 결국 그 사람이 구원받지 못한 것이 된다.

특히 그리스도께서 죽은 자들로부터 살아나지 않으셨다면 "다섯 가지 심각한 문제"가 발생한다. ❶ 우선 우리가 전파하는 복음이 헛것이 되고 우리가 믿는 믿음 또한 헛것이 되고 만다(14절). 예수 그리스도께서 부활하셔서 현재 살아 계시지 않는다면, 지난 2천 년 동안 "구원의 복음을 외치고 부활을 증거하는 일들"이 어떻게 끊임없이 이어져 올 수 있었겠는가! 이것은 부활하신 그리스도께서 살아 계시지 않고서는 절대로 불가능한 일이다. ❷ 사도들은 물론 지금까지 복음을 전파한 모든 자들이 거짓말쟁이가 된다(15절). ❸ 우리의 믿음이 헛것이 되어 우리가 여전히 죄들 가운데 있게 된다. 『**만일 그리스도께서 일으켜지지 못하셨다면 너희의 믿음도 헛되고 너희가 여전히 너희 죄들 가운데 있는 것이라**』(17절). 결국 구원받지 못한 채 지옥으로 가게 될 것이다. ❹ 지금까지 구원받고 죽은 모든 성도들 역시 멸망한 것이 된다(18절). ❺ 마지막으로 구원받은 성도들은 세상에서 가장 비참한 사람들이 된다(19절).

『만일 그리스도 안에서 우리가 바라는 것이 오직 이생뿐이라면 우리는 모든 사람 가운데서 가장 비참한 사람이라』(19절).

세 가지 부활에 관한 진리(15:20-34)

그러나 예수 그리스도께서는 부활하셨다! 『**그러나 이제 그리스도께서는 죽은 자들로부터 살아나셔서 잠들었던 자들의 첫열매들이 되셨느니라**』(20절). 그리스도께서 부활하신 목적은 매우 분명한데, 구원받은 모든 성도들을 살리시기 위함이다(21,22절). "첫째 사람"(47절) 아담 안에서 죽는 것은(21절) 선택의 여지가 없는 일이었지만, "둘째 사람"(47절) 그리스도 안에서 사는 것은 우리의 선택에 달려 있다. "사느냐, 죽느냐"의 문제, "영생을 얻느냐, 얻지 못하느냐," "부활하느냐, 사망 속에 갇혀 있느냐"의 문제는 주 예수 그리스도를 믿는 각자의 믿음과 선택에 달려 있는 것이다.

한편 "부활"은 익은 곡식을 거둬들이는 수확처럼 서열과 순서가 있다. ❶ 가장 먼저 "**예수 그리스도**"께서 부활의 "첫 번째 열매"가 되셨다(23절). 그런데 예수님께서는 부활하셨을 때 혼자서만 부활하시지 않고 "**구약 성도들의 몸**"도 일으키셨다(마 27:50-53, 엡 4:8-10). 그래서 성경은 예수 그리스도의 부활을 언급할 때 "첫열매"(단수)가 아닌, 『**첫열매들**[firstfruits, 복수]』(20,23절)로 기록하고 있다. ❷ 다음으로는 "**교회 시대의 그리스도인들**"이 부활한다(휴거). 『**그 다음은 그리스도께서 오실 때 그분께 속한 사람들이라**』(23절). 이 "휴거"는 두 단계로 이루어지는데, "그리스도 안에서 잠든 자들"이 부활해서 먼저 하늘로 끌려 올라가고, 지상에 살아남아 있는 성도들은 변화된 몸을 입고 뒤따라 올라간다(살전 4:16,17). ❸ 마지막으로 "**환란 시대의 성도들**"이 부활한다(환란 성도들의 휴거). 『**그후에는 끝**[환란 시대의 끝]**이 오리니**』(24절). 그리스도의 몸인 "교회"가 휴거된 후 이 땅에는 대환란이 펼쳐지는데, 환란 시대에 구원을 받으려면 교회 시대처럼 믿음만 있어서는 안 되고 "끝"까지 견뎌야 하는 인내의 행위가 필요하다. 대환란 "끝까지" 견뎌야 하는 것이다.

그리고 그 "끝"에는 예수 그리스도께서 이 땅에 "만왕의 왕"으로 재림하셔서 모든 원수들을 멸하시고 온 세상을 통치하실 것이다. 『**그후에는 끝이 오리니 주께서 모든 정사와 모든 권세와 능력을 폐하시고 그 왕국을 하나님, 곧 아버지께 바칠 때라. 주께서 모든 원수를 자기 발 아래 두실 때까지 통치하셔야 하리니**』(24,25절). 이것이 바로 "천년왕국 통치"인데, 이때 주님께서는 모든 원수들을 발아래 두실 때까지 통치하시겠지만, "사망"은 마지막까지 원수로 남아 있다가 "백보좌 심판" 이후에 불못으로 던져져 완전한 파멸을 맞는다. 『**사망과 지옥도 불못에 던져지니 이것이 둘째 사망이라**』(계 20:14). 그래서 성경은 『**멸망받게 될 마지막 원수는 사망이라.**』(26절)라고 말씀하는 것이며, 그렇게 사망이 멸망하고 나면 하나님께서는 모든 만물을 복종시키시고 만물 안에서 모든 것이 되신다(27,28절).

이처럼 부활이 무오한 역사적 사실이요, 성경적 진리라는 것에는 논쟁의 여지가 없다. 특히 부활이 없다면, 구원받은 성도들이 "물 침례"를 받는 것도 아무런 의미가 없게 된다(29절). 왜냐하면 성령으로 거듭난 그리스도인들은 예수 그리스도를 믿고 구원받았을 때 자신의 "몸," 곧 "옛 사람"이 십자가에서 예수님과 함께 "죽은"(롬 6:11) 사람들이고, 이런 사실을 보여 주는 의식이 바로 "물 침례"이기 때문이다(cf. 벧전 3:20,21). 또한 부활이 없다면, 구원받은 성도들이 무엇 때문에 위험을 무릅쓰고 많은 것들을 희생해 가며 예수 그리스도의 부활을 증거하겠는가?(30절) 실제로 바울이 사역하던 당시에는 예수님의 부활을 공개적으로 증거하는 일이 목숨을 내놓고 하는 일이었다. 그래서 바울은 『**나는 매일 죽노라.**』(31절)라고 말하는 것이다. 분명히 그리스도께서 살아나셨고, 그리스도 안에서 죽은 자들도 반드시 살아나고, 또 그러한 소망이 확고하게 있기에, 목숨을 걸고 박해를 무릅쓰며 세상의 마귀들이나 짐승 같은 사람들과 대결하여 싸울 수 있는 것이다(32절). 따라서 이런 부활에 관한 믿음과 소망을 가진 그리스도인은 "두 가지 명령"에 순종해야 하는데, 첫째, 미혹되지 말아야 한다. 이는 악한 사귐이 좋은 행실을 부패시키기 때문이다(33절). 둘째, 의에 대해 깨어 짓고 죄를 짓지 말아야 한다(34절). 이 명령에 순종하지 않는 자들은 하나님의 지식에 관한 한 무지한 바보들이며, 결국 부끄러움을 당하게 되어 있다는 점을 항상 유념해야 한다(34절).

부활의 방법(15:35-50)

<u>그렇다면 부활할 때 "어떤 몸"으로 부활하는 것인가?(35절)</u> 이에 대해 바울은 "씨앗의 부활"에 빗대어 설명한다(36-38절). 한 알의 씨가 땅에 뿌려져 "죽지 않으면" 어떤 열매도 맺지 못한다(요 12:24). 왜냐하면 땅속에 심겨서 죽지 않으면, 우리가 원하는 형태의 식물이나 나무를 얻을 수 없기 때문이다. 살아 있는 상태의 씨앗으로는 결코 우리가 원하는 어떤 나무의 형체도 기대할 수 없다. 따라서 살아 있는 씨앗이 "죽어야만" 애초에 기대했던 "고유한 형체"의 식물이 생겨날 수 있는 것이다. 하나님께서는 모든 씨앗에 "고유한 형체"를 주셨다(38절, 창 1:11,12 - 『**종류대로**』). 이처럼 모든 육체도 다 같은 육체가 아니며, 각기 "고유한 형태의 육체"를 가지고 있다. 즉 어떤 것은 "사람의 육체"이고, 어떤 것은 "짐승의 육체," "물고기의 육체" 그리고 "새의 육체"인 것이다(39절). 그런가 하면 하늘에 속한 몸들이 있고 땅에 속한 몸들이 있다. 심지어 하늘이든, 땅이든 각 영역에 속한 몸들 간에도 "영광"이 서로 다르다(40,41절).

"부활"은 이와 같은 방법으로 이루어지는데, ❶ <u>우선 썩지 않는 몸으로 부활한다(42절)</u>. "썩는 몸"으로 심겨서 "썩지 않는 몸"(52절)으로 부활하고, "죽을 몸"으로 심겨서 "죽지 않는 몸"(53절)으로 부활하는 것이다. 우리의 몸이 죽고 썩는 이유는, 죄로 더러워진 피가 그 몸 안에 있기 때문이다. 그러나 부활하게 될

몸에는 "피"가 없다. 이는 "혈과 육"은 하나님의 나라를 상속받을 수 없기 때문이다(50절). 그래서 부활하신 예수 그리스도처럼 "살과 뼈"로만 이루어진 몸을 입는 것이다(눅 24:39). ❷ **영광스러운 몸으로 부활한다(43절)**. "수치스럽고 연약한 몸"으로 심겨서 "영광스럽고 능력 있는 몸"으로 부활한다(빌 3:21). 그 몸은 아픔이나 질병, 늙음, 사망을 전혀 겪지 않는 몸인 것이다(계 21:4). ❸ **또한 "영적인 몸"(spiritual body)으로 부활한다(44절)**. "육신의 타고난 몸"으로 심겨서 "영적인 몸"으로 부활하는 것이다. 이 영적인 몸은 하늘나라(천상)에서도 살 수 있는 "초자연적인 몸"이다. 그러나 "영적인 몸"이 먼저가 아니고 "타고난 몸," 곧 "흙으로 만들어진 몸"이 먼저다(46,47절). 그래서 우리가 지금은 흙으로 돌아갈 몸을 입고 있을 수밖에 없다(48절). 하지만 하늘에 속한 분의 형상도 반드시 입게 될 것이다(49절). 그래서 우리는 다음과 같은 "위대한 소망"을 갖게 된다.

휴거의 소망과 위대한 승리(15:51-58)

이 소망은 "휴거에 관한 소망"으로, 그날에 "마지막 나팔 소리"가 나면(52절) 우리 모든 그리스도인들은 "눈 깜짝하는 순간에"(52절) 앞서 언급한 "변화된 몸"(35-50절)으로 부활하게 될 것이다. 그러나 여기에도 순서가 있으니, "그리스도 안에서 잠든 성도들," 곧 "죽은 그리스도인들"의 몸이 먼저 무덤에서 일어난다(살전 4:16). 구원받고 죽은 사람들의 몸이 무덤과 바다와 세상의 전쟁터들로부터 나와 "원자는 원자끼리, 분자는 분자끼리" 결합되고 "썩지 않을 영원한 몸"으로 변화되어 일어나는 것이다(52,53절). 그런 다음 주님께서 공중으로 오실 때까지 살아남아 있는 성도들이(살전 4:17) "죽지 않을 영원한 몸"을 입게 된다(53절).

이렇게 휴거가 일어날 때, 이 썩을 몸이 썩지 않고 이 죽을 몸이 죽지 아니함을 입게 되면 우리는 다음과 같이 외치게 될 것이다. 『**오 사망아, 너의 쏘는 것이 어디 있느냐? 오 음부야, 너의 승리가 어디 있느냐?**』(55절). 말하자면 "죽음을 완전히 정복한 사람들"이 되는 것이다. 왜냐하면 『**사망의 쏘는 것은 죄요, 죄의 능력은 율법**』(56절)인데, 곧 율법에 따라 『**죄의 삯은 사망**』(롬 6:23)이지만, 구원받은 성도들에게는 "죄와 사망의 문제"가 완전히 해결되었기 때문이다. "죄에 대한 심판"이 "갈보리 십자가"에서 예수 그리스도를 통해 이미 이루어진 것이다. 이런 사실들을 믿고 있다면, 그런 위대한 소망을 주시고 승리를 주신 하나님께 모든 영광과 감사를 돌려야 한다(57절). 또한 견고하고 흔들리지 말며, 항상 주의 일을 넘치게 해야 한다. 이는 그 섬김과 수고가 절대로 헛되지 않기 때문이다(58절).

■ 새롭게 깨달았거나 적용할 내용이 있다면 적어 보세요. ■

바울의 마지막 권면과 인사(16:1-24)

이제 바울은 본 서신을 마무리하면서 고린도 교회 성도들을 향해 "마지막 권면"을 한다. 우선 "성도들을 위한 모금"에 관해 명령하는데(1-4절), 이것은 "성경적으로 올바르게 헌금 또는 모금하는 방법"이 어떤 것인지 잘 조명해 준다. 즉 "매주 첫날"(주일)에, "하나님께서 번성케 하신 대로" 해야 한다는 것이다(2절). 바울은 이렇게 준비된 헌금을 가지고 예루살렘의 가난한 성도들을 도우려 하고 있으며, 필요하다면 자기도 직접 가겠다고 말한다(3,4절).

한편 마케도니아를 지나 고린도 교회를 방문하려는 "향후 계획"도 밝히고 있는데(5절), 이는 육신적인 교회 안에 바로잡아야 할 문제가 한두 가지가 아니었기 때문이다. 그래서 겨울까지 나면서 그곳에 있는 성도들과 함께 지내기를 바랐고, 봄이 오면 다른 지역으로 떠날 계획을 세웠다(6,7절). 하지만 "오순절"까지는 에베소에 머무를 계획이었는데(8절), 이는 『**크고도 효과적인 문**』(9절), 곧 복음과 진리의 말씀을 선포하고 예배드릴 수 있는 영적인 기회가 열렸기 때문이다. 또한 바울은 그의 신실한 동역자들, 곧 "디모데"(10,11절), "아폴로"(12절), "스테파나," "포투나토," "아카이코"(15-18절)를 추천하면서, "신실한 성도들"로서 마땅히 해야 할 "다섯 가지 지침"을 다음과 같이 남겼다. 『**깨어 있으라. 믿음 안에 굳게 서라. 남자답게 처신하라. 강건하라. 너희의 모든 일을 사랑으로 행하라**』(13,14절). 그리고 마지막 문안 인사를 하면서 편지를 끝마쳤다(19-24절).

『누구든지 주 예수 그리스도를 사랑하지 아니하면 그는 우리 주께서 오실 때 저주를 받을지어다. 우리 주 예수 그리스도의 은혜가 너희와 함께 있을지어다. 나의 사랑이 그리스도 예수 안에서 너희 모두와 함께 있을지어다. 아멘』(22-24절).

NOTES

NOTES

< 추 천 도 서 >

고린도전서

피터 S. 럭크만 지음 / 450쪽

25,000원(eBook 17,500원)

고린도전서는 그리스도인이 꼭 알아야 하는 심오한 진리가 담긴 책이다. 본서를 읽고 깨우친 사람들은 놀라운 조명과 명철을 얻게 된다.

은사주의자들의 방언과 치유는 사기다

피터 럭크만 지음 / 86쪽

5,000원(eBook 3,500원)

본서는 "은사"라고 말하는 "방언"의 시작부터 그 실태를 꼼꼼히 다루고 점검한다.

믿음의 선한 싸움을 싸우라

이송오 목사 지음 / 184쪽

7,000원(eBook 4,900원)

이 책은 그리스도인의 영적 싸움에서 가장 기초적이라 할 수 있는 영적 분별력을 갖추게 해 준다.

썩지 않을 면류관

피터 S. 럭크만 지음 / 400쪽

20,000원(eBook 14,000원)

본서는 피터 럭크만 목사의 자서전이며, 우리는 그의 인생에서 그리스도인이 겪는 영적 전쟁의 치열함을 읽게 된다.

솔로몬 성경공부 시리즈

고린도전서

제2권 성령의 은사들과 성도의 부활(8-16장)

초판인쇄 2024년 5월 13일
초판발행 2024년 5월 14일
지 은 이 / 편 집 부
발 행 인 / 박 승 용
발 행 처 / 말씀보존학회
출판등록 / 제409-2022-000036호
주 소 / 서울 강서우체국 사서함 제90호
전 화 / (02) 2665 - 3743
팩 스 / (02) 2665 - 3302
인 터 넷 / www.biblemaster.co.kr